Beginning Learner's Russian Dictionary

Matthew Aldrich
and
Oksana Baranova

© 2018 by Matthew Aldrich

The author's moral rights have been asserted.
All rights reserved. No part of this document may be reproduced or transmitted in any form or by any means, electronic, mechanical, photocopying, recording, or otherwise, without prior written permission of the publisher.

Although the author and publisher have made every effort to ensure that the information in this book was correct at press time, the author and publisher do not assume and hereby disclaim any liability to any party for any loss, damage, or disruption caused by errors or omissions, whether such errors or omissions result from negligence, accident, or any other cause.

paperback: ISBN-13: 978-0-9986411-9-5

website: www.lingualism.com/russian
email: russian@lingualism.com

Table of Contents

Introduction ii
Using The Dictionary... iii
Pronunciation v
The TORFL Test viii
Terminology and Abbreviations ix
Russian-English... 1
English-Russian.. 118

Visit

www.lingualism.com/russian

Audio Tracks
Download or stream the **free** accompanying MP3s. (Track numbers correspond to the dictionary's page numbers.)

Anki Flashcards
Study the dictionary's headwords and example sentences using Anki flashcards with audio—available as a separate purchase.

Introduction

The Beginning Learner's Russian Dictionary is, as its name implies, designed for beginning learners of the Russian language, including those who are going to take the Test of Russian as a Foreign Language (TORFL) at the elementary (A1) level. The dictionary is based on the official *Lexical Minimum* for the standardized test, which was developed by the Russian Ministry of Education and Science and includes 780 items that learners are expected to know at the A1 level. To these, the names of countries, common Russian personal names, and grammatical terms have been added, bringing the total number of headwords in the dictionary to just over 1,000. Whether or not you plan to take the TORFL test, this selection of vocabulary will provide a solid base upon which to build your competency in Russian. (See p. viii for more on the TORFL test.)

This dictionary offers many advantages for beginning learners over other Russian-English dictionaries. It offers a reader-friendly, uncluttered layout. Only senses appropriate to the A1 level appear in the entries. Grammatical information is presented clearly in tables along with invaluable usage notes. Example sentences contain only A1-level vocabulary. Beginning learners may find other dictionaries overwhelming, as entries contain multiple senses, many of which are uncommon and make it difficult to determine which sense is intended. Such dictionaries present limited grammatical information, often in abbreviated form, under the assumption that the reader is proficient in Russian grammar. Likewise, example sentences may contain too many higher-level vocabulary words to be of use to beginning learners.

The Beginning Learner's Russian Dictionary is meant to be more than a reference in which to look up unknown words. It is a study tool to expand your lexicon and build a solid base in both vocabulary and grammar. You are encouraged to read through entry after entry, studying the structure of the example sentences, noticing the inflections of nouns, adjectives, and verbs, and practicing your listening skills and pronunciation while listening to the accompanying audio tracks.

Please read on to the next page to learn how best to make use of the dictionary.

Using The Dictionary

Sections: Each section begins with the letter written upper and lower case in three styles: serif typeface, sans-serif italic, and handwriting.

Order of Entries: The headwords are arranged in alphabetical order. On the back cover of this book, you can find a table of the Russian alphabet along with the page number on which each letter's section begins.

Accent Marks: Russian words of more than one syllable are marked with an accent mark (´) over the stressed syllable. The letter ё is always stressed even though no accent mark is written. Accent marks are only used in materials for learners, such as this dictionary, and do *not* normally appear in Russian texts. It is important to learn which syllable of a word is stressed for correct pronunciation. The stressed syllable sometimes changes when a word is inflected. For example, the word цена́ *(price)* is stressed on the second syllable, while its plural це́ны *(prices)* is stressed on the first syllable.

Parts of an Entry:

- headword
- part of speech written in full, not abbreviated
- translation in bold
- example sentence with translation
- information box with special notes on usage, grammar, and pronunciation

коне́чно ADVERB
  of course – Вы лю́бите ко́фе? – Коне́чно! *Do you like coffee? – Of course!*
  ⚠ Pronounced /кане́шна/.

Adjectives: At the A1 level, you are expected to know the masculine, feminine, neuter, and plural forms of adjectives in the nominative case only. These are shown in the entries.

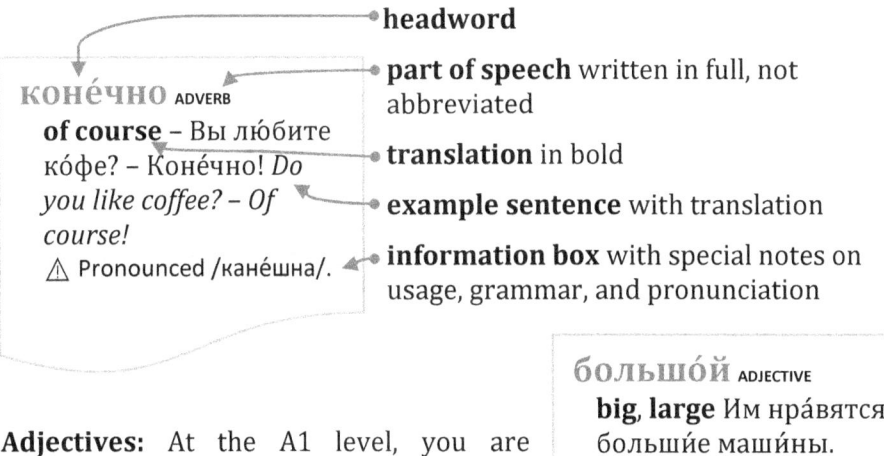

писа́ть IMPERFECTIVE VERB
write Что вы пи́шете? *What are you writing?* (*perfective verb:* написа́ть)

PRES.	я пишу́		мы пи́шем
	ты пи́шешь		вы пи́шете
	он пи́шет		они́ пи́шут
PAST	M. писа́л	NT.	писа́ло
	F. писа́ла	PL.	писа́ли
IMPER.	SG. пиши́	PL.	пиши́те

Verbs: The perfective/imperfective counterpart of most verbs is given in parentheses. The table shows the conjugation of the verb in the present tense (for imperfective verbs) / the future tense (for perfective verbs), the past tense, and the imperative for certain verbs (as required at the A1 level).

Nouns: The gender of a Russian noun can be determined by its ending, and thus gender is not normally marked in the dictionary. A noun ending in -а or -я is feminine; one ending in -о or -е is neuter; otherwise, it is masculine. The gender of nouns ending in -ь is marked, as some are masculine, and some are feminine. Nouns are also marked when there are exceptions to the above rules.

дочь NOUN, FEMININE
daughter Моя́ дочь у́чится в университе́те. *My daughter studies in university.* (*antonym:* сын)

	SING.	PL.
NOM.	дочь	до́чери
GEN.	до́чери	дочере́й
DAT.	до́чери	дочеря́м
ACC.	дочь	дочере́й
INSTR.	до́черью	дочеря́ми
PREP.	до́чери	дочеря́х

Фра́нция NOUN
(*geography*) **France** Почему́ вы не живёте во Фра́нции с до́черью? *Why don't you live in France with your daughter?*

Cases: Even at the A1 level, you are expected to know the declension of nouns (and pronouns) in all cases. Case determines a noun's role in a sentence (subject, object, etc.). Also, prepositions require certain cases. The preposition для ('for') is followed by a noun in the genitive case. The preposition с, as can be seen in the example sentence on the left, takes the instrumental case... at least when it has the meaning 'with.' Mastering cases is essential to attaining fluency in Russian, and so, they should be, along with verb conjugations, a focus of your studies from early on.

See p. ix for terminology and abbreviations used in this dictionary.

Pronunciation

The following Russian **consonants** correspond to sounds found in English:

	as in...		as in...
Б б	boy	**М м**	man
В в	van	**Н н**	name
Г г	gas*	**П п**	pan
Д д	day	**С с**	sad
З з	zoo	**Т т**	top
К к	cat	**Ф ф**	four
Л л	love		

* Г is pronounced в (as in van) in the word endings -его́ and -ого́, as well as in the word сего́дня. However, it remains pronounced г (as in gas) in the word мно́го.

These consonant sounds are not found in English, but you may be familiar with them if you have studied other languages:

Р р	a trilled **r**, as in Spanish or Italian (unlike the English **r**)
Х х	a voiceless velar fricative, as in the Scottish lo<u>ch</u>, German Bu<u>ch</u>, Spanish o<u>j</u>o, Arabic ﺥ.

Let's look at five Russian vowels. The fifth requires special attention.

А а	as in f<u>a</u>ther
О о	as in m<u>o</u>re or sh<u>ow</u>, but pure (without the glide to w)
У у	as in m<u>oo</u>n, but shorter
Э э	as in m<u>e</u>t
Ы ы	similar to English s<u>i</u>t but tenser; tongue position for f<u>oo</u>d but lips unrounded and a bit tense, as for f<u>ee</u>d; as in Turkish bal<u>ı</u>k, Chinese 吃 (chī);

Hard Consonants

Most Russian consonants can be pronounced in two ways: hard or soft. By soft, it is meant that the consonant is *palatalized*. That is, it is pronounced with the blade of the tongue pushed up against the hard palate (the front of the roof of the mouth). A hard consonant, by contrast, is *not* palatalized. You can basically think of it as being normal.

The fifteen consonants on the previous page are introduced with their hard pronunciations. A Russian consonant is hard if:

1. it precedes a consonant,
2. it precedes one of the five vowels shown on the previous page,
3. it comes at the end of a word,
4. it is followed by the letter ъ (the hard sign).

These three consonants are always hard, regardless of the following vowel. They have no soft equivalents.

Ж ж	*as in* televi<u>s</u>ion and mea<u>s</u>ure
Ш ш	*as in* <u>sh</u>ell
Ц ц	*as in* ca<u>ts</u>

Soft Consonants

Here are the remaining five vowels of the Russian alphabet:

	after a consonant	*initial**
Я я	*as in* f<u>a</u>ther	*as in* <u>y</u>acht
Ё ё	*as in* m<u>o</u>re	*as in* <u>yo</u>lk
Ю ю	*as in* m<u>oo</u>n	*as in* <u>you</u>
Е е	*as in* m<u>e</u>t	*as in* <u>ye</u>t
И и	*as in* f<u>ee</u>d	*as in* f<u>ee</u>d**

Notice that the first four vowels in the table above are pronounced identically to those in the table on the previous page. These vowels indicate that the preceding consonant is soft.

* However, if one of these vowels comes at the beginning of a word (initial) or a stressed syllable, or follows ь or ъ, it is preceded by a /y/ (as in <u>y</u>es) sound.

** И is not preceded by /y/ except when following ь: чьи.

Many learners of Russian mistakenly think that a soft consonant is simply the normal (hard) consonant followed by a /y/ sound, but this is not accurate. A soft Russian н, for example, does not sound the same as in the English word ca<u>ny</u>on. A soft н is a single sound—similar to an English n but with the tongue pressed against the hard palate (as described at the top of the previous page).

A consonant is also pronounced soft when it precedes the letter ь, as is often seen at the end of Russian words.

In summary, a consonant is pronounced soft if it is followed by:

1) я, ё, ю, е, or и,
2) the soft sign ь.

And these consonants are always soft. They have no hard equivalents.

Й й	*as in <u>y</u>es*
Ч ч	*as in <u>ch</u>at*
Щ щ	*(approximately) as in fre<u>sh ch</u>eese*

Й appears after vowels to create diphthongs. It can also appear at the beginning of foreign words.

Voiced and Unvoiced Consonants

We can divide the following twelve Russian consonants into two groups: voiced and unvoiced.

voiced	б	в	д	г	ж	з
unvoiced	п	ф	т	к	ш	с

Voiced consonants are pronounced with vibration in the vocal cords, while unvoiced consonants are not. Each voiced consonant has an unvoiced counterpart.

As a rule, when any two of these consonants are adjacent, they must both be pronounced either voiced or unvoiced. It is the second consonant that determines the voicing. For example, вто́рник is pronounced /фто́рник/. (The second consonant, т, is unvoiced, so the preceding consonant becomes unvoiced.) Likewise, <u>сд</u>елать is pronounced /<u>зд</u>елать/. The exception is в, before which an unvoiced consonant does *not* become voiced: свой is pronounced /свой/ (not /~~звой~~/). This rule also applies across word boundaries: в па́рке /ф па́рке/.

Consonants are also unvoiced at the end of a word: год /гот/, нож /нош/.

Unstressed Vowels

The pronunciation for vowels given on the previous two pages is true for vowels in stressed syllables. When a vowel is unstressed, it is not pronounced as clearly. For example, a and o are both pronounced [ə] (as in English pock<u>e</u>t or comm<u>o</u>n) in unstressed syllables. However, in a syllable immediately preceding a stressed syllable, they are both pronounced as in f<u>a</u>ther). There are several rules to determine the unstressed pronunciation of vowels, depending on the vowel, its position in a word and which consonants are adjacent to it. Rather than try to memorize a long list of rules, just try to notice and mimic the pronunciation of the native speakers on the audio tracks.

The TORFL Test

The Test of Russian as a Foreign Language (TORFL) is a standardized test of proficiency in Russian. There are six levels of the test. The first is the elementary (A1) test, abbreviated in Russian as ТБУ.

The test consists of five sections (vocabulary, reading, listening, writing, speaking), with a total testing time of 3 hours and 30 minutes.

To pass the test successfully, you will need to demonstrate that you can satisfy your elementary communication needs in a limited number of everyday situations, such as greetings and self-introductions, talking about familiar topics (family, friends, daily routines, etc.), reading and writing basic texts, and listening to short dialogues. Having the elementary-level certificate confirms that you have sufficient proficiency to move into A2-level studies.

Only a handful of educational organizations in Russia are authorized to conduct the TORFL test. However, these organizations oversee testing at dozens of testing centers outside of Russia.

Terminology and Abbreviations

Abbreviations have been kept to a minimum in the dictionary, only being used in tables where space is limited. These abbreviations are shown below in parentheses.

ACCUSATIVE (ACC.)	The **accusative** case designates the object of an action, that is, the direct object of a verb. It is also used after certain prepositions, especially when showing direction or time.
ADJECTIVE	An **adjective** modifies or describes a noun: *beautiful, small, other, Russian*.
ADVERB	An **adverb** modifies or qualifies a verb, adjective, or another adverb, and specifies manner, place, time, etc.: *quickly, very, here, yesterday*.
ANIMATE	An **animate** noun is either a person or animal.
ANTONYM	An **antonym** is an adjective with the opposite meaning as another adjective: good ≠ bad. It can also refer to the counterpart of a noun: boy ≠ girl.
CONJUNCTION	A **conjunction** is a word or phrase that connects two clauses (or nouns) in a sentence, such as *and, but, because, when, if, that*.
DATIVE (DAT.)	The **dative** case has several uses: 1) It designates an indirect object, which is usually expressed with the preposition *to* (or *for*) in English; 2) It is used after certain prepositions; 3) It is used to specify age, as can be seen in several examples in the dictionary.
DIMINUTIVE	The **diminutive** form of a name is a nickname only used among friends or with small children.
FEMININE (F.)	**Feminine** adjectives and past tense verbs are used so that they agree in gender with the nouns they refer to.
FUTURE (FUT.)	In Russian, perfective verbs can express **future** (and past) actions, but not present ones (see PRES.).
GENITIVE (GEN.)	The **genitive** case has several uses: 1) It shows possession, often translating as *of* or *_'s* in English; 2) A genitive singular noun is used after numbers ending

	in 2, 3, or 4, while the genitive plural is used after other numbers (except those ending in 1); 3) It is used after нет (*there isn't/aren't...*) to show an absence; 4) It is also used after certain prepositions.
IMPERATIVE (IMPER.)	An **imperative** verb is a command: *Go! / Don't go!*
IMPERFECTIVE VERB	An **imperfective** verb expresses an action without emphasis on its completion. It may be a habitual or continuous action in the past, present, or future.
INANIMATE	An **inanimate** noun is either a nonliving object or a plant. Notice in the declension tables that the accusative forms of inanimate masculine, neuter, and plural (but not feminine) nouns are the same as the nominative forms.
INDECLINABLE NOUN	An **indeclinable** noun only has *one* form and does not decline for case or plural. (See the entry for такси́ on p. 95 as an example.)
INSTRUMENTAL (INSTR.)	The **instrumental** case: 1) is used after certain verbs (*see* рабо́тать and занима́ться); 2) is used after certain prepositions; 3) has other uses that you will learn about after the A1 level.
INTERJECTION	An **interjection** is an exclamation that is independent from a sentence: *Hello!, Excuse me!, Wow!*
MASCULINE (M.)	**Masculine** adjectives and past tense verbs are used so that they agree in gender with the nouns they refer to.
MULTIDIRECTIONAL	An **multidirectional** verb expresses movement in more than one direction, round trips, etc.
NEUTER (NT.)	**Neuter** adjectives and past tense verbs are used so that they agree in gender with the nouns they refer to.
NOMINATIVE (NOM.)	The **nominative** case designates the subject of a sentence. A singular nominative noun is also the *default* form of a noun, the one listed in dictionaries.
NOUN	A **noun** is a person, place, or thing.
NUMBER	A **number** expresses an exact quantity: *one, two, three.*
PARENTHETICAL WORD	A **parenthetical word** is offset from the rest of a sentence: *maybe, for example.*

PARTICLE	A **particle** is a word which does not fit the definition of other parts of speech.
PERFECTIVE VERB	A **perfective** verb expresses a single, completed action in the past or future.
PLURAL (PL.)	**Plural** designates 'more than one.' Plural adjectives and past tense verbs are used so that they agree in number with the nouns they refer to.
PREDICATIVE ADJECTIVE	A **predicative adjective** is a neuter short adjective used in idiomatic expressions without a grammatical subject, often translating as *It is...*
PREFIX	A **prefix** is a particle added to the beginning of a word, such as the prefix по-.
PREPOSITION	A **preposition** precedes a noun or pronoun: *in, for, with*. Dictionary entries for prepositions show which case is required for the governed noun/pronoun.
PREPOSITIONAL (PREP.)	The **prepositional** case is used after certain prepositions, especially when showing location.
PRESENT (PRES.)	The **present** tense refers to actions ongoing at the time of speaking or are repeated (habitual) and is equivalent to English *he does, he is doing, he has been doing*. In Russian, imperfective verbs (but not their perfective counterparts) can express present time.
PRONOUN	A **pronoun** can be used to avoid repeating a noun. Examples in English would be *I, he, him, our, this, nothing, who...*
SHORT ADJECTIVE	Many adjectives in Russian have **short** forms, which generally show temporary states (as opposed to intrinsic qualities).
SINGULAR (SING.)	**Singular** designates 'one.'
SYNONYM	A **synonym** is a word that has the same or nearly the same meaning as another word.
UNIDIRECTIONAL	A **unidirectional** verb expresses movement in a single direction.
VERB	A **verb** describes an action or state. Verbs in Russian are conjugated to agree with the subject and express past, present, or future time.

Аа *Аа* *Аа*

а CONJUNCTION
❶ **but**, **rather** У неё не бе́лый телефо́н, а чёрный. *She does not have a white phone, but a black one.*
❷ **and** – Как ты? – Хорошо́, а ты? *How are you? – Fine, and you?*

а́вгуст NOUN
August У меня́ день рожде́ния в а́вгусте. *It's my birthday in August.*

	SING.	PL.
NOM.	а́вгуст	а́вгусты
GEN.	а́вгуста	а́вгустов
DAT.	а́вгусту	а́вгустам
ACC.	а́вгуст	а́вгусты
INSTR.	а́вгустом	а́вгустами
PREP.	а́вгусте	а́вгустах

Австра́лия NOUN
(geography) **Australia** Австра́лия нахо́дится далеко́ от Росси́и. *Australia is far from Russia.*

NOM.	Австра́лия	ACC.	Австра́лию
GEN.	Австра́лии	INSTR.	Австра́лией
DAT.	Австра́лии	PREP.	Австра́лии

А́встрия NOUN
(geography) **Austria** Я изуча́ю неме́цкий язы́к, потому́ что я бу́ду учи́ться в А́встрии. *I'm learning German because I'm going to study in Austria.*

NOM.	А́встрия	ACC.	А́встрию
GEN.	А́встрии	INSTR.	А́встрией
DAT.	А́встрии	PREP.	А́встрии

авто́бус NOUN
bus А́ня е́здит в шко́лу на авто́бусе. *Anya goes to school by bus.*

	SING.	PL.
NOM.	авто́бус	авто́бусы
GEN.	авто́буса	авто́бусов
DAT.	авто́бусу	авто́бусам
ACC.	авто́бус	авто́бусы
INSTR.	авто́бусом	авто́бусами
PREP.	авто́бусе	авто́бусах

а́втор NOUN
author Вы зна́ете и́мя а́втора? *Do you know the author's name?*

	SING.	PL.
NOM.	а́втор	а́вторы
GEN.	а́втора	а́второв
DAT.	а́втору	а́вторам
ACC.	а́втора	а́второв
INSTR.	а́втором	а́вторами
PREP.	а́вторе	а́вторах

а́дрес NOUN
address Како́й у вас а́дрес? *What is your address?*

	SING.	PL.
NOM.	а́дрес	адреса́
GEN.	а́дреса	адресо́в
DAT.	а́дресу	адреса́м
ACC.	а́дрес	адреса́
INSTR.	а́дресом	адреса́ми
PREP.	а́дресе	адреса́х

А́зия NOUN
(geography) **Asia** Вы бы́ли в А́зии? *Have you been to Asia?*

NOM.	А́зия	ACC.	А́зию
GEN.	А́зии	INSTR.	А́зией
DAT.	А́зии	PREP.	А́зии

актёр NOUN
actor Мне нра́вится э́тот актёр. *I like this actor.*

	SING.	PL.
NOM.	актёр	актёры
GEN.	актёра	актёров
DAT.	актёру	актёрам
ACC.	актёра	актёров
INSTR.	актёром	актёрами
PREP.	актёре	актёрах

акти́вный ADJECTIVE
  active У них о́чень акти́вные де́ти. *They have very active children.*

актри́са NOUN
  actress Она́ была́ актри́сой. *She was an actress.*

	SING.	PL.
NOM.	актри́са	актри́сы
GEN.	актри́сы	актри́с
DAT.	актри́се	актри́сам
ACC.	актри́су	актри́с
INSTR.	актри́сой	актри́сами
PREP.	актри́се	актри́сах

Алекса́ндр NOUN
  (man's name) **Alexander** *(nickname:* **Са́ша** Sasha*)*

Алекса́ндра NOUN
  (woman's name) **Alexandra** *(nickname:* **Са́ша** Sasha*)*

Алексе́й NOUN
  (man's name) **Alexey** *(nicknames:* **Алёша** Alyosha, **Лёша** Lyosha*)*

Алёша NOUN
  (man's name) **Alyosha** *(nickname of* **Алексе́й** Alexei*)*

А́лла NOUN
  (woman's name) **Alla**

алфави́т NOUN
  (grammar) **alphabet**

Аме́рика NOUN
  (geography) **America** Я мечта́ю об Аме́рике. *I dream about America.*

NOM.	Аме́рика	ACC.	Аме́рику
GEN.	Аме́рики	INSTR.	Аме́рикой
DAT.	Аме́рике	PREP.	Аме́рике

америка́нец NOUN
  American Ско́лько америка́нцев живёт в Москве́? *How many Americans live in Moscow?*

	SING.	PL.
NOM.	америка́нец	америка́нцы
GEN.	америка́нца	америка́нцев
DAT.	америка́нцу	америка́нцам
ACC.	америка́нца	америка́нцев
INSTR.	америка́нцем	америка́нцами
PREP.	америка́нце	америка́нцах

америка́нка NOUN
  American Ма́ма Ка́ти америка́нка. *Katya's mother is American.*

	SING.	PL.
NOM.	америка́нка	америка́нки
GEN.	америка́нки	америка́нок
DAT.	америка́нке	америка́нкам
ACC.	америка́нку	америка́нок
INSTR.	америка́нкой	америка́нками
PREP.	америка́нке	америка́нках

америка́нский ADJECTIVE
  American Мне нра́вится смотре́ть америка́нские телепереда́чи. *I like watching American television programs.*
  ⚠ When denoting a person's nationality, an adjective is only used if it precedes a noun: **Он америка́нский актёр.** *He is an American actor.* Otherwise, a noun must be used: **Он америка́нец.** *He is American.* Not: ~~Он америка́нский.~~ (The exception is the nationality ру́сский. *see:* ру́сский)

англи́йский ADJECTIVE
  English Же́ня лю́бит англи́йский язы́к. *Zhenya loves*

the English language. (*see note:* америка́нский)

англича́нин NOUN

Englishman Э́тот англича́нин о́чень хорошо́ говори́т по-ру́сски. *This Englishman is very fluent in Russian.*

	SING.	PL.
NOM.	англича́нин	англича́не
GEN.	англича́нина	англича́н
DAT.	англича́нину	англича́нам
ACC.	англича́нина	англича́н
INSTR.	англича́нином	англича́нами
PREP.	англича́нине	англича́нах

англича́нка NOUN

Englishwoman В наш университе́т прие́хала англича́нка. *An Englishwoman came to our university.*

	SING.	PL.
NOM.	англича́нка	англича́нки
GEN.	англича́нки	англича́нок
DAT.	англича́нке	англича́нкам
ACC.	англича́нку	англича́нок
INSTR.	англича́нкой	англича́нками
PREP.	англича́нке	англича́нках

А́нглия NOUN

(*geography*) **England** В А́нглии хо́лодно зимо́й? *In England, is it cold in the winter?*

	SING.		
NOM.	А́нглия	ACC.	А́нглию
GEN.	А́нглии	INSTR.	А́нглией
DAT.	А́нглии	PREP.	А́нглии

а́нгло-ру́сский ADJECTIVE

English-Russian У Са́ши есть а́нгло-ру́сский слова́рь? *Does Sasha have an English-Russian dictionary?*

Андре́й NOUN

(*man's name*) **Andrei** (*nickname:* **Андрю́ша** Andryusha)

Андрю́ша NOUN, DIMINUTIVE

(*man's name*) **Andryusha** (*nickname of* **Андре́й** Andrei)
⚠ This nickname is a diminutive form, which means it is very informal and should only be used for a close friend or child.

А́нна NOUN

(*woman's name*) **Anna** (*nickname:* **А́ня** Anya)

Анто́н NOUN

(*man's name*) **Anton** (*nickname:* **Анто́ша** Antosha)

анто́ним NOUN

(*grammar*) **antonym**

Анто́ша NOUN, DIMINUTIVE

(*man's name*) **Antosha** (*nickname of* **Анто́н** Anton)
⚠ This nickname is a diminutive form, which means it is very informal and should only be used for a close friend or child.

А́ня NOUN

(*woman's name*) **Anya** (*nickname of* **А́нна** Anna)

апре́ль NOUN, MASCULINE

April Я роди́лся в апре́ле. *I was born in April.*

	SING.	PL.
NOM.	апре́ль	апре́ли
GEN.	апре́ля	апре́лей
DAT.	апре́лю	апре́лям
ACC.	апре́ль	апре́ли
INSTR.	апре́лем	апре́лями
PREP.	апре́ле	апре́лях

апте́ка NOUN

pharmacy, drug store Апте́ка далеко́? *Is the pharmacy far?*

	SING.	PL.
NOM.	апте́ка	апте́ки
GEN.	апте́ки	апте́к
DAT.	апте́ке	апте́кам

ACC.	аптéку	аптéки
INSTR.	аптéкой	аптéками
PREP.	аптéке	аптéках

Аргенти́на NOUN

(geography) **Argentina** Ваш студéнт из Аргенти́ны? *Is your student from Argentina?*

арти́ст NOUN

(male) **entertainer, artist** Он мой люби́мый арти́ст. *He's my favorite entertainer.*

⚠ This is not *artist* in the sense of a *painter*.

	SING.	PL.
NOM.	арти́ст	арти́сты
GEN.	арти́ста	арти́стов
DAT.	арти́сту	арти́стам
ACC.	арти́ста	арти́стов
INSTR.	арти́стом	арти́стами
PREP.	арти́сте	арти́стах

арти́стка NOUN

(female) **entertainer, artist** Это извéстная арти́стка? *Is she a famous entertainer?*

	SING.	PL.
NOM.	арти́стка	арти́стки
GEN.	арти́стки	арти́сток
DAT.	арти́стке	арти́сткам
ACC.	арти́стку	арти́сток
INSTR.	арти́сткой	арти́стками
PREP.	арти́стке	арти́стках

аудитóрия NOUN

lecture hall Кака́я холóдная аудитóрия! *What a cold lecture hall!*

	SING.	PL.
NOM.	аудитóрия	аудитóрии
GEN.	аудитóрии	аудитóрий
DAT.	аудитóрии	аудитóриям
ACC.	аудитóрию	аудитóрии
INSTR.	аудитóрией	аудитóриями
PREP.	аудитóрии	аудитóриях

А́фрика NOUN

(geography) **Africa** Вы хоти́те поéхать в А́фрику? *Do you want to go to Africa?*

NOM.	А́фрика	ACC.	А́фрику
GEN.	А́фрики	INSTR.	А́фрикой
DAT.	А́фрике	PREP.	А́фрике

аэропóрт NOUN

airport Вы встрéтите меня́ в аэропорту́. *You'll meet me at the airport.*

⚠ Notice the irregular form of the prepositional singular case, as in the example.

	SING.	PL.
NOM.	аэропóрт	аэропóрты
GEN.	аэропóрта	аэропóртов
DAT.	аэропóрту	аэропóртам
ACC.	аэропóрт	аэропóрты
INSTR.	аэропóртом	аэропóртами
PREP.	*об* аэропóрте *в* аэропорту́	аэропóртах

Бб *Бб* *Бб*

ба́бушка NOUN
grandmother Моя́ ба́бушка о́чень до́брая. *My grandmother is very kind.*
⚠ The stress is on the first syllable. (A common learners' mistake is to stress the second syllable.)

	SING.	PL.
NOM.	ба́бушка	ба́бушки
GEN.	ба́бушки	ба́бушек
DAT.	ба́бушке	ба́бушкам
ACC.	ба́бушку	ба́бушек
INSTR.	ба́бушкой	ба́бушками
PREP.	ба́бушке	ба́бушках

бале́т NOUN
ballet Я никогда́ не была́ на бале́те. *I've never been to the ballet.*

	SING.	PL.
NOM.	бале́т	бале́ты
GEN.	бале́та	бале́тов
DAT.	бале́ту	бале́там
ACC.	бале́т	бале́ты
INSTR.	бале́том	бале́тами
PREP.	бале́те	бале́тах

банк NOUN
bank Банк нахо́дится недалеко́ от по́чты. *The bank is close to the post office.*

	SING.	PL.
NOM.	ба́нк	ба́нки
GEN.	ба́нка	ба́нков
DAT.	ба́нку	ба́нкам
ACC.	ба́нк	ба́нки
INSTR.	ба́нком	ба́нками
PREP.	ба́нке	ба́нках

баскетбо́л SINGULAR NOUN
basketball Алекса́ндр игра́л в баскетбо́л в шко́ле. *Alexander played basketball in school.*

NOM.	баскетбо́л	ACC.	баскетбо́л
GEN.	баскетбо́ла	INSTR.	баскетбо́лом
DAT.	баскетбо́лу	PREP.	баскетбо́ле

бассе́йн NOUN
swimming pool В го́роде есть бассе́йн? *Is there a swimming pool in town?*

	SING.	PL.
NOM.	бассе́йн	бассе́йны
GEN.	бассе́йна	бассе́йнов
DAT.	бассе́йну	бассе́йнам
ACC.	бассе́йн	бассе́йны
INSTR.	бассе́йном	бассе́йнами
PREP.	бассе́йне	бассе́йнах

бе́дный ADJECTIVE
poor Э́то о́чень бе́дная страна́. *This is a very poor country.* (*antonym:* бога́тый)

| M. | бе́дный | NT. | бе́дное |
| F. | бе́дная | PL. | бе́дные |

без (бе́зо) PREPOSITION
(+ genitive case) **without** – Ты помо́жешь мне? – Без проблем! *Will you help me? – No problem!*
⚠ The form бе́зо is used before some consonant clusters.

бе́лый ADJECTIVE
white Я купи́ла бе́лый зонт. *I bought a white umbrella.* (*antonym:* чёрный)

| M. | бе́лый | NT. | бе́лое |
| F. | бе́лая | PL. | бе́лые |

библиоте́ка NOUN
library У вас в университе́те

есть библиотéка? *Do you have a library at your university?*

	SING.	PL.
NOM.	библиотéка	библиотéки
GEN.	библиотéки	библиотéк
DAT.	библиотéке	библиотéкам
ACC.	библиотéку	библиотéки
INSTR.	библиотéкой	библиотéками
PREP.	библиотéке	библиотéках

би́знес SINGULAR NOUN

business У Ивáна свой би́знес. *Ivan has his own business.*

NOM.	би́знес	ACC.	би́знес
GEN.	би́знеса	INSTR.	би́знесом
DAT.	би́знесу	PREP.	би́знесе

бизнесву́мен NOUN, FEMININE

businesswoman Моя́ мать бизнесву́мен. *My mother is a businesswoman.*

⚠ Pronounced /бизнэсву́мэн/.

	SING.	PL.
NOM.	бизнесву́мен	бизнесву́мен
GEN.	бизнесву́мен	бизнесву́мен
DAT.	бизнесву́мен	бизнесву́мен
ACC.	бизнесву́мен	бизнесву́мен
INSTR.	бизнесву́мен	бизнесву́мен
PREP.	бизнесву́мен	бизнесву́мен

бизнесмéн NOUN

businessman Бизнесмéны покупáют дороги́е маши́ны. *Businessmen buy expensive cars.*

⚠ Pronounced /бизнэсмéн/.

	SING.	PL.
NOM.	бизнесмéн	бизнесмéны
GEN.	бизнесмéна	бизнесмéнов
DAT.	бизнесмéну	бизнесмéнам
ACC.	бизнесмéна	бизнесмéнов
INSTR.	бизнесмéном	бизнесмéнами
PREP.	бизнесмéне	бизнесмéнах

билéт NOUN

ticket Вы взя́ли билéт? *Did you take the ticket [with you]?*

	SING.	PL.
NOM.	билéт	билéты
GEN.	билéта	билéтов
DAT.	билéту	билéтам
ACC.	билéт	билéты
INSTR.	билéтом	билéтами
PREP.	билéте	билéтах

бли́зко ADVERB

close, nearby Ты живёшь бли́зко? *Do you live nearby?* (*synonym:* недалекó, *antonym:* далекó)

богáтый ADJECTIVE

rich, wealthy Все знáют, что у Ни́ны богáтый отéц. *Everyone knows that Nina has a wealthy father.* (*antonym:* бéдный)

M.	богáтый	NT.	богáтое
F.	богáтая	PL.	богáтые

бóлен SHORT ADJECTIVE

ill, sick Михаи́л не поéхал в кинó с нáми, потомý что он бóлен. *Michael didn't go to the movies with us because he's ill.* (*antonym:* здорóв)

M.	бóлен	NT.	больнó
F.	больнá	PL.	больны́

большóй ADJECTIVE

big, large Им нрáвятся больши́е маши́ны. *They like big cars.* (*antonym:* мáленький)

M.	большóй	NT.	большóе
F.	большáя	PL.	больши́е

Бори́с NOUN

(*man's name*) **Boris** (*nickname:* **Бóря** Borya)

Бóря NOUN

(*man's name*) **Borya** (*nickname of* **Бори́с** Boris)

Брази́лия NOUN

(*geography*) **Brazil** Брази́лия –

э́то о́чень больша́я страна́. *Brazil is a very big country.*
- NOM. Брази́лия   ACC. Брази́лию
- GEN. Брази́лии   INSTR. Брази́лией
- DAT. Брази́лии   PREP. Брази́лии

брат NOUN
brother Его́ брат живёт в Росси́и. *His brother lives in Russia.* (antonym: сестра́)

	SING.	PL.
NOM.	брат	бра́тья
GEN.	бра́та	бра́тьев
DAT.	бра́ту	бра́тьям
ACC.	бра́та	бра́тьев
INSTR.	бра́том	бра́тьями
PREP.	бра́те	бра́тьях

брать IMPERFECTIVE VERB
take Ка́ждый день я беру́ де́ньги на обе́д в шко́лу. *Every day I take money to school for lunch.* (antonym: дава́ть) (perfective verb: взять)

PRES.	я беру́	мы берём
	ты берёшь	вы берёте
	он берёт	они́ беру́т
PAST	M. брал	NT. бра́ло
	F. брала́	PL. бра́ли

бу́дущее вре́мя NOUN
(grammar) **future tense**

бу́дущий ADJECTIVE
future- Никола́й – бу́дущий арти́ст. *Nicholas is a future entertainer.*
- M. бу́дущий   NT. бу́дущее
- F. бу́дущая   PL. бу́дущие

бу́ква NOUN
letter *(of the alphabet)* Вы уже́ зна́ете ру́сские бу́квы? *Can you already read Russian letters?*

	SING.	PL.
NOM.	бу́ква	бу́квы
GEN.	бу́квы	букв
DAT.	бу́кве	бу́квам
ACC.	бу́кву	бу́квы
INSTR.	бу́квой	бу́квами
PREP.	бу́кве	бу́квах

бы́стро ADVERB
fast, **quickly** И́ра не лю́бит бы́стро есть. *Ira does not like to eat quickly.* (antonym: ме́дленно)

быть IMPERFECTIVE VERB
❶ *(infinitive)* **to be** Быть и́ли не быть... *To be or not to be...*
❷ *(past)* **was**, **were** Я был до́ма вчера́ ве́чером. *I was at home last night.*
❸ *(pres.)* **am**, **is**, **are** Ру́сский язы́к краси́вый. *Russian is a beautiful language.*
⚠ The verb быть is unexpressed in the present tense.
❹ *(future)* **will be** Ме́неджер бу́дет здесь в два часа́. *The manager will be here at 2 o'clock.*

PRES.	я -	мы -
	ты -	вы -
	он -	они́ -
PAST	M. был	NT. бы́ло
	F. была́	PL. бы́ли

Вв *Вв* *Вв*

в (во) PREPOSITION
❶ *(location) (+ prepositional case)* **in**, **at** Твои́ уче́бники в ко́мнате. *Your books are in the room.*
❷ *(direction) (+ accusative case)* **to**, **into** Ве́чером мы идём в кино́. *In the evening, we're going to the movies.* (*antonym:* из)
❸ *(time) (+ accusative case)* **in**, **on** В четве́рг бу́дет хоро́шая пого́да. *On Thursday, the weather will be nice.*
⚠ When followed by a word beginning with either в or ф and a second consonant, в becomes во: **во вто́рник** *on Tuesday* / **во вре́мя** *during*

ваго́н NOUN
train car У вас пе́рвый ваго́н. *You are in the first car.*

	SING.	PL.
NOM.	ваго́н	ваго́ны
GEN.	ваго́на	ваго́нов
DAT.	ваго́ну	ваго́нам
ACC.	ваго́н	ваго́ны
INSTR.	ваго́ном	ваго́нами
PREP.	ваго́не	ваго́нах

Ва́дик NOUN
(man's name) **Vadik** (*nickname of* **Вади́м** Vadim)

Вади́м NOUN
(man's name) **Vadim** (*nickname:* **Ва́дик** Vadik)

ва́жно PREDICATIVE ADJECTIVE
important Изуча́ть языки́ – э́то ва́жно. *Learning languages is important.*

вам PRONOUN, DATIVE CASE
(to) you Я дам вам мой слова́рь. *I'll give you my dictionary.* Я зна́ю, что вам нра́вятся мои́ очки́. *I know that you like my glasses.* (*see also:* вы)

ва́ми PRONOUN, INSTRUMENTAL CASE
you **с ва́ми with you** Она́ не хо́чет говори́ть с ва́ми. *She does not want to talk to you.* (*see also:* вы)

Ва́ня NOUN
(man's name) **Vania** (*nickname of* **Ива́н** Ivan)

вас PRONOUN
❶ GENITIVE CASE **you** У вас нет уро́ков сего́дня? *Don't you have any lessons today?*
❷ ACCUSATIVE CASE **you** Я люблю́ вас. *I love you.*
❸ PREPOSITIONAL CASE **you** Я мно́го зна́ю о вас. *I know a lot about you.* (*see also:* вы)

ваш PRONOUN, POSSESSIVE
your Э́то ваш друг? *Is this your friend?*
⚠ Ваш is used to address two or more people. It is the plural of твой. It can also be used to address one person to show respect–to a stranger or superior. Even when ваш refers to one person, its verb should be plural, as should a short adjective. However, a long adjective or noun will be singular. (*compare:* твой)

M. **ваш** NT. **ва́ше** F. **ва́ша** PL. **ва́ши**

вдруг ADVERB
all of a sudden, **suddenly** Вдруг пошёл дождь. *It suddenly started to rain.*

век NOUN
century Век – это сто лет. *A century is a hundred years.*

	SING.	PL.
NOM.	век	века́
GEN.	ве́ка	веко́в
DAT.	ве́ку	века́м
ACC.	век	века́
INSTR.	ве́ком	века́ми
PREP.	ве́ке	века́х

вели́кий ADJECTIVE
great Это вели́кий ру́сский худо́жник. *This is a great Russian artist.* **Пётр Вели́кий** *Peter the Great* / **Екатери́на Вели́кая** *Catherine the Great*
M. вели́кий NT. вели́кое
F. вели́кая PL. вели́кие

Ве́ра NOUN
(woman's name) **Vera**

ве́село ADVERB
enjoyably На уро́ке бы́ло о́чень ве́село. *It was really fun in the lesson.*

весёлый ADJECTIVE
fun, **enjoyable**, **cheerful**, **merry** Ка́тя о́чень весёлая де́вушка. *Katya is a very fun girl.*
M. весёлый NT. весёлое
F. весёлая PL. весёлые

весна́ NOUN
spring Весна́ – моё люби́мое вре́мя го́да. *Spring is my favorite time of the year.* (*antonym:* о́сень)

	SING.	PL.
NOM.	весна́	вёсны
GEN.	весны́	вёсен
DAT.	весне́	вёснам
ACC.	весну́	вёсны
INSTR.	весно́й	вёснами
PREP.	весне́	вёснах

весно́й ADVERB
in the spring Роди́тели прие́хали весно́й. *My parents came in the spring.* (*antonym:* о́сенью)

весь PRONOUN
all Дождь идёт весь день. *It has been raining all day.*
M. весь NT. всё F. вся PL. все

ве́чер NOUN
evening Мне понра́вился ве́чер с друзья́ми. *I enjoyed an evening with friends* **До́брый ве́чер!** *Good evening!* / **Хоро́шего ве́чера!** *Have a good evening!* (*antonym:* у́тро)

	SING.	PL.
NOM.	ве́чер	вечера́
GEN.	ве́чера	вечеро́в
DAT.	ве́черу	вечера́м
ACC.	ве́чер	вечера́
INSTR.	ве́чером	вечера́ми
PREP.	ве́чере	вечера́х

ве́чера ADVERB
p.m., **in the evening** Сейча́с семь часо́в ве́чера. *It's seven o'clock in the evening.*
⚠ Ве́чера is used for 5 p.m. - 11 p.m. (*compare:* утра́, дня, но́чи)

ве́чером ADVERB
in the evening Ве́чером мы обы́чно гуля́ем. *We usually go for a walk in the evening.*
сего́дня ве́чером tonight (*antonym:* у́тром)

взять PERFECTIVE VERB
take, **get** Где Серге́й взял ру́чку? *Where did Sergey get a*

pen? (antonym: дать)
(imperfective verb: брать)

FUT.	я возьму́	мы возьмём
	ты возьмёшь	вы возьмёте
	он возьмёт	они́ возьму́т
PAST	M. взял	NT. взяло́, взя́ло
	F. взяла́	PL. взя́ли

вид NOUN

(grammar) **aspect**

ви́деть IMPERFECTIVE VERB

see Ты ви́дишь меня́? *Can you see me?*
(perfective verb: уви́деть)
(compare: смотре́ть)

PRES.	я ви́жу	мы ви́дим
	ты ви́дишь	вы ви́дите
	он ви́дит	они́ ви́дят
PAST	M. ви́дел	NT. ви́дело
	F. ви́дела	PL. ви́дели

ви́за NOUN

visa Они́ уже́ получи́ли ви́зу? *Have they already gotten a visa?*

	SING.	PL.
NOM.	ви́за	ви́зы
GEN.	ви́зы	виз
DAT.	ви́зе	ви́зам
ACC.	ви́зу	ви́зы
INSTR.	ви́зой	ви́зами
PREP.	ви́зе	ви́зах

Ви́ктор NOUN

(man's name) **Victor** (nickname: **Ви́тя** Vitya)

вини́тельный паде́ж NOUN

(grammar) **accusative case**

вино́ NOUN

wine Мари́на лю́бит испа́нское вино́. *Marina likes Spanish wine.*

	SING.	PL.
NOM.	вино́	ви́на
GEN.	вина́	вин
DAT.	вину́	ви́нам
ACC.	вино́	ви́на
INSTR.	вино́м	ви́нами
PREP.	вине́	ви́нах

Ви́тя NOUN

(man's name) **Vitya** (nickname of **Ви́ктор** Victor)

вку́сно ADVERB

deliciously Гали́на о́чень вку́сно гото́вит! *Galina cooks really delicious food!*

Влади́мир NOUN

(man's name) **Vladimir** (nicknames: **Воло́дя** Volodya, **Во́ва** Vova)

вме́сте ADVERB

together Мы прочита́ем текст вме́сте. *We will read the text together.*

внима́тельно ADVERB

attentively, **carefully** Мы внима́тельно вас слу́шаем. *We are listening to you carefully.*

внук NOUN

grandson У А́нны Петро́вны уже́ есть вну́ки? *Does Anna Petrovna already have grandchildren?*

	SING.	PL.
NOM.	внук	вну́ки
GEN.	вну́ка	вну́ков
DAT.	вну́ку	вну́кам
ACC.	вну́ка	вну́ков
INSTR.	вну́ком	вну́ками
PREP.	вну́ке	вну́ках

вну́чка NOUN

granddaughter Ва́ша вну́чка уже́ хо́дит в шко́лу? *Is your granddaughter already in school?*

	SING.	PL.
NOM.	вну́чка	вну́чки
GEN.	вну́чки	вну́чек

DAT.	вну́чке	вну́чкам
ACC.	вну́чку	вну́чек
INSTR.	вну́чкой	вну́чками
PREP.	вну́чке	вну́чках

во PREPOSITION (*see:* в)

Во́ва NOUN
(*man's name*) **Vova** (*nickname of* **Влади́мир** Vladimir)

вода́ NOUN
water Вода́ – э́то жизнь. *Water is life.*

	SING.	PL.
NOM.	вода́	во́ды
GEN.	воды́	вод
DAT.	воде́	во́дам
ACC.	во́ду	во́ды
INSTR.	водо́й	во́дами
PREP.	воде́	во́дах

возвра́тный глаго́л NOUN
(*grammar*) **reflexive verb**

вокза́л NOUN
train station Я бу́ду ждать тебя́ на вокза́ле. *I will wait for you at the station.*
⚠ Pronounced /вагза́л/.

	SING.	PL.
NOM.	вокза́л	вокза́лы
GEN.	вокза́ла	вокза́лов
DAT.	вокза́лу	вокза́лам
ACC.	вокза́л	вокза́лы
INSTR.	вокза́лом	вокза́лами
PREP.	вокза́ле	вокза́лах

волейбо́л SINGULAR NOUN
volleyball Мы игра́ем в волейбо́л в сре́ду. *We play volleyball on Wednesday.*

NOM.	волейбо́л	ACC.	волейбо́л
GEN.	волейбо́ла	INSTR.	волейбо́лом
DAT.	волейбо́лу	PREP.	волейбо́ле

Воло́дя NOUN
(*man's name*) **Volodya**

(*nickname of* **Влади́мир** Vladimir)

вопро́с NOUN
question У вас есть вопро́сы? *Do you have any questions?* (*antonym:* отве́т)

	SING.	PL.
NOM.	вопро́с	вопро́сы
GEN.	вопро́са	вопро́сов
DAT.	вопро́су	вопро́сам
ACC.	вопро́с	вопро́сы
INSTR.	вопро́сом	вопро́сами
PREP.	вопро́се	вопро́сах

вопроси́тельное местоиме́ние NOUN
(*grammar*) **interrogative pronoun**

вопроси́тельный знак NOUN
(*grammar*) **question mark**

восемна́дцать NUMBER
eighteen Анто́ну восемна́дцать лет. *Anton is eighteen years old.*

во́семь NUMBER
eight Я жил в Санкт-Петербу́рге во́семь ме́сяцев. *I lived in Saint Petersburg for eight months.*

во́семьдесят NUMBER
eighty Как сказа́ть "во́семьдесят" по-англи́йски? *How do you say "во́семьдесят" in English?*

восемьсо́т NUMBER
eight hundred Мне ну́жно восемьсо́т рубле́й. *I need eight hundred rubles.*

восклица́тельный знак NOUN
(*grammar*) **exclamation mark**

воскресе́нье NOUN

Sunday Что ты бу́дешь де́лать в воскресе́нье? *What are you going to do on Sunday?* **в воскресе́нье** on Sunday / **по воскресе́ньям** on Sundays

⚠ This word is derived from воскресе́ние *(resurrection)*.

	SING.	PL.
NOM.	воскресе́нье	воскресе́нья
GEN.	воскресе́нья	воскресе́ний
DAT.	воскресе́нью	воскресе́ньям
ACC.	воскресе́нье	воскресе́нья
INSTR.	воскресе́ньем	воскресе́ньями
PREP.	воскресе́нье	воскресе́ньях

вот PARTICLE

here..., here is... Вот ваш но́вый дом. *Here is your new home.*

врач NOUN

doctor Вы позвони́ли врачу́? *Did you call the doctor?*

	SING.	PL.
NOM.	врач	врачи́
GEN.	врача́	враче́й
DAT.	врачу́	врача́м
ACC.	врача́	враче́й
INSTR.	врачо́м	врача́ми
PREP.	враче́	врача́х

вре́мя NOUN, NEUTER

❶ **time** Ско́лько вре́мени сейча́с в А́нглии? *What time is it in England?*

❷ *(grammar)* **tense**

	SING.	PL.
NOM.	вре́мя	времена́
GEN.	вре́мени	времён
DAT.	вре́мени	времена́м
ACC.	вре́мя	времена́
INSTR.	вре́менем	времена́ми
PREP.	вре́мени	времена́х

все PRONOUN, PLURAL

❶ **everyone, everybody** Все хотя́т пое́хать в Аме́рику. *Everybody wants to go to America.*

❷ *(+ plural noun)* **all** Все студе́нты сейча́с слу́шают пе́сню. *All of the students are listening to a song now.* (see also: весь)

всё PRONOUN, NEUTER

❶ **everything** Я куплю́ всё, что ты хо́чешь. *I'll buy everything you want.*

❷ *(+ neuter noun)* **all** Я жил в Москве́ всё ле́то. *I stayed in Moscow all summer.* **всё вре́мя all the time** (*synonym:* всегда́) (see also: весь)

⚠ Be careful when reading! Всё is often written все (without dots), which makes it look like another word, все *(everyone)*. However, it should still be pronounced всё. Context will help you determine which word is meant.

всегда́ ADVERB

always Дми́трий всегда́ люби́л чита́ть. *Dmitriy has always loved to read.* (*synonym:* всё вре́мя, *antonym:* никогда́)

вспомина́ть IMPERFECTIVE VERB

remember, recall Я ча́сто вспомина́ю шко́лу. *I often think about school.* (*antonym:* забыва́ть)

(*perfective verb:* вспо́мнить)

PRES.	я вспомина́ю	мы вспомина́ем
	ты ...мина́ешь	вы вспомина́ете
	он вспомина́ет	они́ вспомина́ют
PAST	M. вспомина́л	NT. вспомина́ло
	F. вспомина́ла	PL. вспомина́ли

вспо́мнить PERFECTIVE VERB

remember, **recall** Я вспо́мнила э́то сло́во! *I remembered the word!* (*antonym:* забы́ть) (*imperfective verb:* вспомина́ть)

FUT.	я вспо́мню	мы вспо́мним
	ты вспо́мнишь	вы вспо́мните
	он вспо́мнит	они́ вспо́мнят
PAST	M. вспо́мнил	NT. вспо́мнило
	F. вспо́мнила	PL. вспо́мнили

встре́тить PERFECTIVE VERB

meet Мне ну́жно встре́тить сестру́ на вокза́ле. *I need to meet my sister at the station.* (*imperfective verb:* встреча́ть)

FUT.	я встре́чу	мы встре́тим
	ты встре́тишь	вы встре́тите
	он встре́тит	они́ встре́тят
PAST	M. встре́тил	NT. встре́тило
	F. встре́тила	PL. встре́тили

встреча́ть IMPERFECTIVE VERB

meet Кто встреча́ет тебя́ в аэропорту́? *Who is meeting you at the airport?* (*perfective verb:* встре́тить)

PRES.	я встреча́ю	мы встреча́ем
	ты встреча́ешь	вы встреча́ете
	он встреча́ет	они́ встреча́ют
PAST	M. встреча́л	NT. встреча́ло
	F. встреча́ла	PL. встреча́ли

вто́рник NOUN

Tuesday Вы у́читесь во вто́рник? *Do you have classes on Tuesday?* **во вто́рник** *on Tuesday* / **по вто́рникам** *on Tuesdays*

	SING.	PL.
NOM.	вто́рник	вто́рники
GEN.	вто́рника	вто́рников
DAT.	вто́рнику	вто́рникам
ACC.	вто́рник	вто́рники
INSTR.	вто́рником	вто́рниками
PREP.	вто́рнике	вто́рниках

вход NOUN

entrance Вход сле́ва от де́рева. *The entrance is to the left of the tree.* (*antonym:* вы́ход)

	SING.	PL.
NOM.	вход	вхо́ды
GEN.	вхо́да	вхо́дов
DAT.	вхо́ду	вхо́дам
ACC.	вход	вхо́ды
INSTR.	вхо́дом	вхо́дами
PREP.	вхо́де	вхо́дах

вчера́ ADVERB

yesterday Вчера́ Мари́я купи́ла хоро́ший телефо́н. *Yesterday Maria bought a good phone.* (*antonym:* за́втра)

вы PRONOUN

❶ **you** Вы обы́чно у́жинаете до́ма? *Do you usually have dinner at home?*
❷ **you are** Вы роди́тели А́ни? *Are you Ana's parents?*
⚠ Вы is used to address two or more people. It is the plural of ты. It can also be used to address one person to show respect—to a stranger or superior. Even when вы refers to one person, its verb should be plural, as should a short adjective. However, a long adjective or noun will be singular. (*compare:* ты)

высо́кий ADJECTIVE

❶ **high**, **tall** Мне нра́вится э́то высо́кое краси́вое зда́ние. *I like this tall, beautiful building.*
❷ **tall** Высо́кий челове́к в пальто́ – э́то мой дя́дя. *The tall man in the coat is my uncle.*

M.	высо́кий	NT.	высо́кое
F.	высо́кая	PL.	высо́кие

вы́ставка NOUN

exhibition Макси́м и Светла́на иду́т на вы́ставку в сре́ду. *Maxim and Svetlana are going to the exhibition on Wednesday.*

	SING.	PL.
NOM.	вы́ставка	вы́ставки
GEN.	вы́ставки	вы́ставок
DAT.	вы́ставке	вы́ставкам
ACC.	вы́ставку	вы́ставки
INSTR.	вы́ставкой	вы́ставками
PREP.	вы́ставке	вы́ставках

вы́учить PERFECTIVE VERB

learn Оле́г не мо́жет вы́учить э́тот текст. *Oleg cannot learn this text.*
(*imperfective verb:* учи́ть)

FUT.	я вы́учу		мы вы́учим
	ты вы́учишь		вы вы́учите
	он вы́учит		они́ вы́учат
PAST	M. вы́учил	NT.	вы́учило
	F. вы́учила	PL.	вы́учили

вы́ход NOUN

exit Скажи́те, пожа́луйста, где вы́ход? *Excuse me, where is the exit?* (*antonym:* вход)

	SING.	PL.
NOM.	вы́ход	вы́ходы
GEN.	вы́хода	вы́ходов
DAT.	вы́ходу	вы́ходам
ACC.	вы́ход	вы́ходы
INSTR.	вы́ходом	вы́ходами
PREP.	вы́ходе	вы́ходах

Гг Гг *Гг*

газе́та NOUN
  newspaper Кто чита́ет газе́ты сего́дня? *Who reads newspapers these days?*

	SING.	PL.
NOM.	газе́та	газе́ты
GEN.	газе́ты	газе́т
DAT.	газе́те	газе́там
ACC.	газе́ту	газе́ты
INSTR.	газе́той	газе́тами
PREP.	газе́те	газе́тах

Гали́на NOUN
  (woman's name) **Galina** *(nickname:* **Га́ля** *Galya)*

Га́ля NOUN
  (woman's name) **Galya** *(nickname of* **Гали́на** *Galina)*

где ADVERB, CONJUNCTION
  ❶ ADVERB **where** Где ва́ши бра́тья? *Where are your brothers?*
  ❷ CONJUNCTION **where** Мы не зна́ем, где живёт Лари́са. *We do not know where Larissa lives.*

географи́ческий ADJECTIVE
  geographical Это географи́ческая ка́рта Аме́рики. *This is a map of America.*
  M. географи́ческий
  F. географи́ческая
  NT. географи́ческое
  PL. географи́ческие

Герма́ния NOUN
  (geography) **Germany** Ви́ктор давно́ живёт в Герма́нии. *Victor has lived in Germany for a long time.*

NOM.	Герма́ния	ACC.	Герма́нию
GEN.	Герма́нии	INSTR.	Герма́нией
DAT.	Герма́нии	PREP.	Герма́нии

гита́ра NOUN
  guitar Вы ча́сто игра́ете на гита́ре? *Do you often play the guitar?*

	SING.	PL.
NOM.	гита́ра	гита́ры
GEN.	гита́ры	гита́р
DAT.	гита́ре	гита́рам
ACC.	гита́ру	гита́ры
INSTR.	гита́рой	гита́рами
PREP.	гита́ре	гита́рах

глаго́л NOUN
  (grammar) **verb**

глаз NOUN
  eye У неё краси́вые голубы́е глаза́. *She has beautiful blue eyes.*

	SING.	PL.
NOM.	глаз	глаза́
GEN.	гла́за	глаз
DAT.	гла́зу	глаза́м
ACC.	глаз	глаза́
INSTR.	гла́зом	глаза́ми
PREP.	гла́зе	глаза́х

гла́сный звук NOUN
  (grammar) **vowel sound**

говори́ть IMPERFECTIVE VERB
  ❶ **speak**, **talk** Она́ всегда́ гро́мко говори́т. *She always speaks loudly.* (*synonym:* разгова́ривать)
  ❷ **tell** Ма́ма всегда́ говори́т мне, что я права́. *My mother always tells me that I am right.*
  ❸ **say** Не говори́, что ты не

знáешь Владúмира. *Do not say that you do not know Vladimir.*
❾ **speak** *(a language)* Я говорю́ по-рýсски. *I speak Russian.* *(perfective verb:* сказáть*)*

PRES.	я говорю́		мы говорúм
	ты говорúшь		вы говорúте
	он говорúт		онú говоря́т
PAST	M. говорúл	NT. говорúло	
	F. говорúла	PL. говорúли	
IMPER.	SG. говорú	PL. говорúте	

год NOUN
year Я изучáю рýсский язы́к год. *I've been studying Russian for a year.*

	SING.	PL.
NOM.	год	го́ды
GEN.	го́да	лет
DAT.	го́ду	годáм
ACC.	год	го́ды
INSTR.	го́дом	годáми
PREP.	о го́де / в годý	годáх

⚠ Notice the irregular genitive plural form лет.

головá NOUN
head Я нарисовáл человéка, но у негó óчень большáя головá. *I drew a man, but he has a very big head.*

	SING.	PL.
NOM.	головá	гóловы
GEN.	головы́	голóв
DAT.	головé	головáм
ACC.	гóлову	гóловы
INSTR.	головóй	головáми
PREP.	головé	головáх

голубóй ADJECTIVE
light blue, **sky blue** Посмотрú, какáя голубáя водá! *Look how blue the water is!*

M.	голубóй	NT.	голубóе
F.	голубáя	PL.	голубы́е

горá NOUN
mountain Э́та горá называ́ется Эверéст. *This mountain is called Everest.*

	SING.	PL.
NOM.	горá	гóры
GEN.	горы́	гор
DAT.	горé	горáм
ACC.	гóру	гóры
INSTR.	горóй	горáми
PREP.	горé	горáх

гóрод NOUN
city Э́тот гóрод нахóдится блúзко. *This city is nearby.*

	SING.	PL.
NOM.	гóрод	городá
GEN.	гóрода	городóв
DAT.	гóроду	городáм
ACC.	гóрод	городá
INSTR.	гóродом	городáми
PREP.	гóроде	городáх

городскóй ADJECTIVE
municipal, **city-** Э́то любúмый городскóй парк Óльги. *This is Olga's favorite city park.*

M.	городскóй	NT.	городскóе
F.	городскáя	PL.	городскúе

горя́чий ADJECTIVE
hot Осторóжно, кóфе óчень горя́чий! *Careful! The coffee is very hot!*

⚠ This word is used for something that is hot to the touch (food, drink, the stove, etc.), but not weather. *(compare:* жáрко*)*

M.	горя́чий	NT.	горя́чее
F.	горя́чая	PL.	горя́чие

господúн NOUN
❶ *(very formal)* **Mr. _** Господúн Ивáнов ужé в гостúнице? *Is Mr. Ivanov already at the hotel?*
❷ *(very formal)* **Господá!** *Ladies and gentlemen!, Gentlemen!*

	SING.	PL.
NOM.	господи́н	господа́
GEN.	господи́на	госпо́д
DAT.	господи́ну	господа́м
ACC.	господи́на	госпо́д
INSTR.	господи́ном	господа́ми
PREP.	господи́не	господа́х

госпожа́ NOUN

(very formal) **Ms. _, Mrs. _, Miss _** О́чень прия́тно, госпожа́ Ивано́ва! *Pleased to meet you, Ms. Ivanova!*
⚠ Only used in very formal situations.

	SING.	PL.
NOM.	госпожа́	госпожи́
GEN.	госпожи́	госпо́ж
DAT.	госпоже́	госпожа́м
ACC.	госпожу́	госпо́ж
INSTR.	госпожо́й	госпожа́ми
PREP.	госпоже́	госпожа́х

гости́ница NOUN

hotel У нас был краси́вый но́мер в гости́нице. *We had a nice room in the hotel.*

	SING.	PL.
NOM.	гости́ница	гости́ницы
GEN.	гости́ницы	гости́ниц
DAT.	гости́нице	гости́ницам
ACC.	гости́ницу	гости́ницы
INSTR.	гости́ницей	гости́ницами
PREP.	гости́нице	гости́ницах

гость NOUN, MASCULINE

guest Го́сти не хотя́т есть. *The guests do not want to eat.* **в го́сти** *(verb of motion +)* **on a visit** В пя́тницу мы пое́дем в го́сти к друзья́м. *On Friday, we will go visit friends.*

	SING.	PL.
NOM.	гость	го́сти
GEN.	го́стя	госте́й
DAT.	го́стю	гостя́м
ACC.	го́стя	госте́й
INSTR.	го́стем	гостя́ми
PREP.	го́сте	гостя́х

госуда́рство NOUN

(nation) **state, country** Э́то госуда́рство нахо́дится на ю́ге Евро́пы. *This state is located in the south of Europe.* (*synonym:* страна́)
⚠ The more common word for *country* is страна́.

	SING.	PL.
NOM.	госуда́рство	госуда́рства
GEN.	госуда́рства	госуда́рств
DAT.	госуда́рству	госуда́рствам
ACC.	госуда́рство	госуда́рства
INSTR.	госуда́рством	госуда́рствами
PREP.	госуда́рстве	госуда́рствах

гото́в SHORT ADJECTIVE

ready Михаи́л, вы гото́вы к уро́ку? *Michael, are you ready for the lesson?*

M.	гото́в	NT.	гото́во
F.	гото́ва	PL.	гото́вы

гото́вить IMPERFECTIVE VERB

cook Я гото́влю у́жин ка́ждый день. *I cook dinner every day.* (*perfective verb:* пригото́вить)

PRES.	я гото́влю	мы гото́вим
	ты гото́вишь	вы гото́вите
	он гото́вит	они́ гото́вят
PAST	M. гото́вил	NT. гото́вило
	F. гото́вила	PL. гото́вили

грамма́тика NOUN

(grammar) **grammar** Все говоря́т, что ру́сская грамма́тика тру́дная. *Everyone says that Russian grammar is difficult.*

	SING.	PL.
NOM.	грамма́тика	грамма́тики

	SING.	PL.
GEN.	грамма́тики	грамма́тик
DAT.	грамма́тике	грамма́тикам
ACC.	грамма́тику	грамма́тики
INSTR.	грамма́тикой	грамма́тиками
PREP.	грамма́тике	грамма́тиках

гро́мко ADVERB

loudly На у́лице гро́мко игра́ла му́зыка. *Outside, loud music was playing.* (antonym: ти́хо)

гру́ппа NOUN

group У вас больша́я гру́ппа? *Do you have a large group?*

	SING.	PL.
NOM.	гру́ппа	гру́ппы
GEN.	гру́ппы	групп
DAT.	гру́ппе	гру́ппам
ACC.	гру́ппу	гру́ппы
INSTR.	гру́ппой	гру́ппами
PREP.	гру́ппе	гру́ппах

гуля́ть IMPERFECTIVE VERB

walk, go for a walk, hang out, spend an enjoyable time По́сле уро́ков мы пойдём гуля́ть. *After school, we will go for a walk.*

(*perfective verb:* погуля́ть)

PRES.	я гуля́ю	мы гуля́ем
	ты гуля́ешь	вы гуля́ете
	он гуля́ет	они́ гуля́ют
PAST	M. гуля́л	NT. гуля́ло
	F. гуля́ла	PL. гуля́ли

Дд *Дд* *Dg*

да PARTICLE
yes – Вы говори́те по-ру́сски? – Да, я говорю́ по-ру́сски. *Do you speak Russian? – Yes, I speak Russian.* (*compare:* коне́чно)

дава́й(те) PARTICLE
(*+ perfective 1st person plural future verb*) **let's...** Дава́йте пойдём в кино́! *Let's go to the cinema!*

дава́ть IMPERFECTIVE VERB
give Ма́ма ка́ждый день даёт де́ньги сы́ну. *The mom gives her son money every day.* (*compare:* дари́ть, *antonym:* брать)
(*perfective verb:* дать)

PRES.	я даю́	мы даём
	ты даёшь	вы даёте
	он даёт	они́ даю́т
PAST	M. дава́л	NT. дава́ло
	F. дава́ла	PL. дава́ли
IMPER.	SG. дава́й	PL. дава́йте

давно́ ADVERB
long ago, **a long time ago** Ю́рий давно́ купи́л маши́ну. *Yuri bought the car a long time ago.*

да́же PARTICLE
even Он да́же не посмотре́л на меня́. *He did not even look at me.*

далеко́ ADVERB
far (away), **distant** Вади́м живёт далеко́ на се́вере. *Vadim lives far to the north.* (*antonym:* бли́зко)

дари́ть IMPERFECTIVE VERB
give (*as a gift*) Мы всегда́ да́рим цветы́ же́нщинам. *We always give flowers to women.* (*compare:* дава́ть) (*perfective verb:* подари́ть)

PRES.	я дарю́	мы да́ришь
	ты да́ришь	вы да́рит
	он да́рит	они́ да́рим
PAST	M. дари́л	NT. дари́ло
	F. дари́ла	PL. дари́ли

да́тельный паде́ж NOUN
(*grammar*) **dative case**

дать PERFECTIVE VERB
give Мы да́ли ключи́ сестре́. *We gave the keys to my sister.* (*compare:* подари́ть, *antonym:* взять)
(*imperfective verb:* дава́ть)

FUT.	я дам	мы дади́м
	ты дашь	вы дади́те
	он даст	они́ даду́т
PAST	M. дал	NT. дало́/да́ло
	F. дала́	PL. да́ли

два NUMBER
two Я был в Испа́нии два ра́за. *I've been to Spain twice.*
⚠ Два is used before a masculine or neuter noun, while the form две is used before a feminine noun. A noun following два/две is in the genitive singular case.

| M. два | NT. два | F. две |

два́дцать NUMBER
twenty Ната́ше два́дцать лет. *Natasha is twenty years old.*

двена́дцать NUMBER

twelve О́льга начала́ учи́ть англи́йский язы́к в двена́дцать лет. *Olga began to learn English at the age of twelve.*

дверь NOUN, FEMININE

door Не закрыва́й дверь, пожа́луйста. *Do not close the door, please.*

	SING.	PL.
NOM.	дверь	две́ри
GEN.	две́ри	двере́й
DAT.	две́ри	дверя́м
ACC.	дверь	две́ри
INSTR.	две́рью	дверя́ми
PREP.	о две́ри в/на двери́	дверя́х

две́сти NUMBER

two hundred Два ве́ка – э́то две́сти лет. *Two centuries is two hundred years.*

двоето́чие NOUN

(grammar) **colon**

дворе́ц NOUN

palace Э́тот изве́стный дворе́ц нахо́дится в Герма́нии. *This famous palace is located in Germany.*

	SING.	PL.
NOM.	дворе́ц	дворцы́
GEN.	дворца́	дворцо́в
DAT.	дворцу́	дворца́м
ACC.	дворе́ц	дворцы́
INSTR.	дворцо́м	дворца́ми
PREP.	дворце́	дворца́х

де́вочка NOUN

girl, **little girl** В кла́ссе мно́го де́вочек. *There are a lot of girls in the class.* (*antonym:* ма́льчик)

	SING.	PL.
NOM.	де́вочка	де́вочки
GEN.	де́вочки	де́вочек
DAT.	де́вочке	де́вочкам
ACC.	де́вочку	де́вочек
INSTR.	де́вочкой	де́вочками
PREP.	де́вочке	де́вочках

де́вушка NOUN

❶ **girl**, **young woman** Э́та молода́я де́вушка реши́ла стать актри́сой. *This young girl has decided to become an actress.*

❷ **girlfriend** У него́ есть де́вушка? *Does he have a girlfriend?* (*synonym:* подру́га)

	SING.	PL.
NOM.	де́вушка	де́вушки
GEN.	де́вушки	де́вушек
DAT.	де́вушке	де́вушкам
ACC.	де́вушку	де́вушек
INSTR.	де́вушкой	де́вушками
PREP.	де́вушке	де́вушках

девяно́сто NUMBER

ninety Ему́ уже́ девяно́сто лет?! *Is he ninety years old?!*

девятна́дцать NUMBER

nineteen Я купи́ла маши́ну в девятна́дцать лет. *I bought a car at the age of 19.*

де́вять NUMBER

nine Ната́лия не была́ в Росси́и де́вять лет. *Natalia has not been in Russia for nine years.*

девятьсо́т NUMBER

nine hundred Э́то сто́ит девятьсо́т рубле́й? *Does this cost nine hundred rubles?*

де́душка NOUN, MASCULINE

grandfather, **grandpa** Де́душка подари́л вну́ку

маши́ну. *The grandfather gave his grandson a car.*

	SING.	PL.
NOM.	де́душка	де́душки
GEN.	де́душки	де́душек
DAT.	де́душке	де́душкам
ACC.	де́душку	де́душек
INSTR.	де́душкой	де́душками
PREP.	де́душке	де́душках

дека́брь NOUN, MASCULINE

December Дека́брь – э́то мой люби́мый ме́сяц. *December is my favorite month.*

	SING.	PL.
NOM.	дека́брь	декабри́
GEN.	декабря́	декабре́й
DAT.	декабрю́	декабря́м
ACC.	дека́брь	декабри́
INSTR.	декабрём	декабря́ми
PREP.	декабре́	декабря́х

де́лать IMPERFECTIVE VERB

❶ **do** Я не зна́ю, что де́лать. *I do not know what to do.*
❷ **make** Он всегда́ де́лает оши́бки. *He always makes mistakes.*
(*perfective verb:* сде́лать)

PRES.	я де́лаю	мы де́лаем
	ты де́лаешь	вы де́лает
	он де́лает	они́ де́лают
PAST	M. де́лал	NT. де́лало
	F. де́лала	PL. де́лали
IMPER.	SG. де́лай	PL. де́лайте

день NOUN, MASCULINE

day Понеде́льник – э́то пе́рвый день неде́ли. *Monday is the first day of the week.*
До́брый день! *Good afternoon!* / **Хоро́шего дня!** *Have a good day!* (*antonym:* ночь)

	SING.	PL.
NOM.	день	дни
GEN.	дня	дней
DAT.	дню	дням
ACC.	день	дни
INSTR.	днём	дня́ми
PREP.	дне	днях

де́ньги PLURAL NOUN

money Ты не ви́дел мои́ де́ньги? *Have you seen my money by any chance?*
⚠ Де́ньги is always plural.

NOM.	де́ньги	ACC.	де́ньги
GEN.	де́нег	INSTR.	деньга́ми
DAT.	деньга́м	PREP.	деньга́х

де́рево NOUN

tree В саду́ есть большо́е де́рево. *There is a big tree in the garden.*

	SING.	PL.
NOM.	де́рево	дере́вья
GEN.	де́рева	дере́вьев
DAT.	де́реву	дере́вьям
ACC.	де́рево	дере́вья
INSTR.	де́ревом	дере́вьями
PREP.	де́реве	дере́вьях

де́сять NUMBER

ten Ты сказа́л э́то уже́ де́сять раз. *You've already said that ten times.*

де́ти PLURAL NOUN

children Де́ти лю́бят игра́ть в саду́. *Kids love to play in the garden.*

NOM.	де́ти	ACC.	дете́й
GEN.	дете́й	INSTR.	детьми́
DAT.	де́тям	PREP.	де́тях

де́тский ADJECTIVE

children's У вас есть де́тская ко́мната? *Do you have a children's room?*

M.	де́тский	NT.	де́тское
F.	де́тская	PL.	де́тские

дёшево ADVERB

cheaply – Э́то сто́ит до́рого?

– Нет, о́чень дёшево! *Does it cost a lot? – No, it's very cheap!* (*antonym:* до́рого)

дешёвый ADJECTIVE

cheap У нас о́чень дешёвый Интерне́т. *We have a very cheap Internet.*

- M. дешёвый NT. дешёвое
- F. дешёвая PL. дешёвые

Ди́ма NOUN

(*man's name*) **Dima** (*nickname of* **Дми́трий** *Dmitriy*)

для PREPOSITION

(*+ genitive case*) **for** У меня́ есть хоро́шая но́вость для тебя́! *I have good news for you!*

Дми́трий NOUN

(*man's name*) **Dmitriy** (*nicknames:* **Ди́ма** Dima, **Ми́тя** Mitya)

днём ADVERB

in the afternoon Днём я пойду́ в библиоте́ку. *In the afternoon, I'll go to the library.* (*antonym:* но́чью)

дня ADVERB

p.m., in the afternoon Па́па прие́хал в три часа́ дня. *Dad arrived at 3 p.m.*

⚠ Дня is used for 12 p.m. - 4 p.m. (*compare:* утра́, ве́чера, но́чи)

до PREPOSITION

(*+ genitive case*) **until** Я бу́ду рабо́тать до ве́чера. *I will work until evening.*

до свида́ния INTERJECTION

goodbye До свида́ния, на́ши дороги́е друзья́! *Goodbye, dear friends!*

до́брый ADJECTIVE

❶ **kind, good** У Светла́ны о́чень до́брая соба́ка. *Svetlana has a very good dog.*

❷ (*in greetings*) **good** До́брое у́тро, господи́н Петро́в! *Good morning, Mr. Petrov!* **До́брое у́тро!** *Good morning!* / **До́брый день!** *Good afternoon!* / **До́брый ве́чер!** *Good evening!* / **Всего́ до́брого!** *Goodbye!*

- M. до́брый NT. до́брое
- F. до́брая PL. до́брые

дождь NOUN, MASCULINE

rain Сего́дня весь день идёт дождь. *It has been raining all day.*

⚠ Remember that final consonants are unvoiced: /дошть/.

	SING.	PL.
NOM.	дождь	дожди́
GEN.	дождя́	дожде́й
DAT.	дождю́	дождя́м
ACC.	дождь	дожди́
INSTR.	дождём	дождя́ми
PREP.	дожде́	дождя́х

докуме́нт NOUN

document Ты уже́ посмотре́л мои́ докуме́нты? *Have you already looked at my documents?*

	SING.	PL.
NOM.	докуме́нт	докуме́нты
GEN.	докуме́нта	докуме́нтов
DAT.	докуме́нту	докуме́нтам
ACC.	докуме́нт	докуме́нты
INSTR.	докуме́нтом	докуме́нтами
PREP.	докуме́нте	докуме́нтах

до́лго ADVERB

long, for a long time Ты до́лго жил во Фра́нции? *Did you live in France for a long time?*

до́лжен ADJECTIVE

must, **have to** Ты до́лжен позвони́ть ма́ме, Макси́м! *You've got to call mom, Maxim!*

M.	до́лжен	NT.	должно́
F.	должна́	PL.	должны́

дом NOUN

house У вас большо́й дом? *Do you have a big house?*

	SING.	PL.
NOM.	дом	дома́
GEN.	до́ма	домо́в
DAT.	до́му	дома́м
ACC.	дом	дома́
INSTR.	до́мом	дома́ми
PREP.	до́ме	дома́х

до́ма ADVERB

at home Ты бу́дешь до́ма в во́семь часо́в? *Will you be home at eight o'clock?*

⚠ Do not confuse with дома́ (houses).

домо́й ADVERB

home – Куда́ ты идёшь? – Я иду́ домо́й. *Where are you going? – I'm going home.*

домохозя́йка NOUN

housewife Моя́ сестра́ домохозя́йка. *My sister is a housewife.*

	SING.	PL.
NOM.	домохозя́йка	домохозя́йки
GEN.	домохозя́йки	домохозя́ек
DAT.	домохозя́йке	домохозя́йкам
ACC.	домохозя́йку	домохозя́ек
INSTR.	домохозя́йкой	домохозя́йками
PREP.	домохозя́йке	домохозя́йках

доро́га NOUN

road, **way** Ма́льчик, ты зна́ешь доро́гу домо́й? *Young man, do you know your way home?*

	SING.	PL.
NOM.	доро́га	доро́ги
GEN.	доро́ги	доро́г
DAT.	доро́ге	доро́гам
ACC.	доро́гу	доро́ги
INSTR.	доро́гой	доро́гами
PREP.	доро́ге	доро́гах

до́рого ADVERB

expensively Дома́ в Москве́ стоя́т до́рого. *Houses in Moscow are expensive.* (antonym: дёшево)

дорого́й ADJECTIVE

❶ **expensive** Э́то дорога́я кварти́ра? *Is it an expensive apartment?*

❷ **dear** Вы наш дорого́й гость. *You are our dear guest.*
Дорого́й __, (addressing an informal letter) **Dear __**,

M.	дорого́й	NT.	дорого́е
F.	дорога́я	PL.	дороги́е

дочь NOUN, FEMININE

daughter Моя́ дочь у́чится в университе́те. *My daughter studies in university.* (antonym: сын)

	SING.	PL.
NOM.	дочь	до́чери
GEN.	до́чери	дочере́й
DAT.	до́чери	дочеря́м
ACC.	дочь	дочере́й
INSTR.	до́черью	дочеря́ми
PREP.	до́чери	дочеря́х

друг NOUN

(male) **friend** Мой друг говори́т по-неме́цки. *My friend speaks German.*

	SING.	PL.
NOM.	друг	друзья́
GEN.	дру́га	друзе́й
DAT.	дру́гу	друзья́м
ACC.	дру́га	друзе́й

INSTR.	дру́гом	друзья́ми
PREP.	дру́ге	друзья́х

друго́й ADJECTIVE

other, **different** В Герма́нии у тебя́ бу́дет друга́я жизнь. *In Germany, you will have a different life.* (*compare:* ра́зный)

M.	друго́й	NT.	друго́е
F.	друга́я	PL.	други́е

ду́мать IMPERFECTIVE VERB

think Я ду́мал, что Людми́ла говори́т по-ру́сски. *I thought that Lyudmila spoke Russian.* (*perfective verb:* поду́мать)

PRES.	я ду́маю		мы ду́маем
	ты ду́маешь		вы ду́мает
	он ду́мает		они́ ду́мают
PAST	M. ду́мал		NT. ду́мало
	F. ду́мала		PL. ду́мали
IMPER.	SG. ду́май		PL. ду́майте

ДЯ́ДЯ NOUN, MASCULINE

uncle Твой дя́дя бизнесме́н? *Is your uncle a businessman?*

	SING.	PL.
NOM.	дя́дя	дя́ди
GEN.	дя́ди	дя́дей
DAT.	дя́де	дя́дям
ACC.	дя́дю	дя́дей
INSTR.	дя́дей	дя́дями
PREP.	дя́де	дя́дях

Ee *Ee* *Ee*

Евге́ний NOUN
(man's name) **Eugene**, **Yevgeny** *(nickname: Же́ня Zhenya)*

Евге́ния NOUN
(woman's name) **Yevgeniya** *(nickname: Же́ня Zhenya)*

Евро́па NOUN
(geography) **Europe** Я о́чень хочу́ пое́хать в Евро́пу на Но́вый год. *I really want to go to Europe for New Year's.*

NOM.	Евро́па	ACC.	Евро́пу
GEN.	Евро́пы	INSTR.	Евро́пой
DAT.	Евро́пе	PREP.	Евро́пе

Еги́пет NOUN
(geography) **Egypt** Еги́пет нахо́дится в А́фрике. *Egypt is in Africa.*

⚠ Notice that the second e in Еги́пет is 'fleeting'; it drops when the word is declined.

NOM.	Еги́пет	ACC.	Еги́пет
GEN.	Еги́пта	INSTR.	Еги́птом
DAT.	Еги́пту	PREP.	Еги́пте

его́ (него́) PRONOUN, MASCULINE, NEUTER

❶ ACCUSATIVE CASE **him**, **it** Когда́ вы ви́дели его́? *When did you see him?* Мы купи́ли но́вый дом. Вы хоти́те посмотре́ть его́? *We bought a new house. Would you like to see it?*

❷ GENITIVE CASE **him**, **it** У него́ есть сестра́? *Does he have a sister?* У него́ нет вре́мени. *He does not have time.*

⚠ Pronounced /йиво́/ (/ниво́/). Following a preposition, the form него́ is used: **у него́ есть...** *he has...* / **у него́ нет...** *he does not have...* (see also: у)

его́ PRONOUN, POSSESSIVE

❶ MASCULINE **his**, **its** Москва́ – его́ родно́й го́род. *Moscow is his hometown.*

❷ NEUTER **its**

⚠ Pronounced /йиво́/. The possessive pronoun его́ is invariable. It does not change form before a masculine, feminine, neuter, or plural nouns.

| M. его́ | NT. его́ | F. его́ | PL. его́ |

еди́нственное число́ NOUN
(grammar) **singular**

её (неё) PRONOUN, FEMININE

❶ ACCUSATIVE CASE **her**, **it** Я люблю́ её. *I love her.* – Я люблю́ фи́зику. – Вы изуча́ете её в университе́те? *I love physics. – Are you studying it in college?*

❷ GENITIVE CASE **her**, **it** Я сде́лаю всё для неё. *I'll do anything for her.* У неё есть де́ти? *Does she have children?* У неё нет друзе́й в Еги́пте. *She doesn't have any friends in Egypt.*

⚠ Following a preposition, the form неё is used: **у неё есть...** *she has...* / **у неё нет...** *she does not have...*

её PRONOUN, POSSESSIVE, FEMININE

her, **its** Это её сумка? *Is this her bag?*

⚠ The possessive pronoun её is invariable. It does not change form before a masculine, feminine, neuter, or plural noun.

M. её NT. её F. её PL. её

ездить IMPERFECTIVE VERB, MULTIDIRECTIONAL

(by vehicle) **go** Тебе нравится ездить на природу? *Do you like going to the countryside?*

PRES.	я езжу	мы ездим
	ты ездишь	вы ездите
	он ездит	они ездят
PAST	M. ездил	NT. ездило
	F. ездила	PL. ездили

ей (ней) PRONOUN, FEMININE

❶ DATIVE CASE **(to) her**, **(to) it** Дайте ей письмо. *Give the letter to her.*

❷ INSTRUMENTAL CASE **her**, **it** Какая плохая ручка! Я не могу ей писать! *What a bad pen! I can't write with it.* – Ты не видел Лену? – Видел, я гулял с ней сегодня. *Have you seen Lena? – Yes, I have. I was walking with her today.*

⚠ Following a preposition, the form ней is used: **с ней** *with her*

Екатерина NOUN

(woman's name) **Catherine** *(nickname:* **Катя** *Katya)*

Елена NOUN

(woman's name) **Elena** *(nickname:* **Лена** *Lena)*

ему PRONOUN, DATIVE CASE

❶ MASCULINE **(to) him** Сколько денег вы дали ему? *How much money did you give him?* Ему двадцать два года. *He is twenty-two years old.* (*see also:* он)

❷ NEUTER **(to) it** – Он разговаривает с деревом. – Да? Что он ему говорит? *He is talking to a tree. – Oh yeah? What is he saying to it?* (*see also:* оно)

есть¹ VERB

❶ (+ nominative case) **there is**, **there are** В магазине есть мороженое. *In the store, there is ice cream.* (*antonym:* нет)

❷ (*у + possessor in genitive case + есть + thing possessed in nominative case*) **have** У вас есть очки? *Do you have glasses?* (*see also:* у)

PRES.	есть	
PAST	M. был	NT. было
	F. была	PL. были
FUT.	SG. будет	PL. будут

есть² IMPERFECTIVE VERB

eat Спасибо, я не хочу есть. *Thank you, I do not want to eat.* (*perfective verb:* поесть)

PRES.	я ем	мы едим
	ты ешь	вы едите
	он ест	они едят
PAST	M. ел	NT. ело
	F. ела	PL. ели

ехать IMPERFECTIVE VERB, UNIDIRECTIONAL

(by vehicle) **go** – Куда ты едешь? – Я еду на работу. *Where are you going? – I am going to work.* (*perfective verb:* поехать)

PRES.	я еду	мы едем
	ты едешь	вы едете
	он едет	они едут
PAST	M. ехал	NT. ехало
	F. ехала	PL. ехали

ещё ADVERB

❶ **yet** Ва́ши друзья́ ещё не пришли́. *Your friends have not come yet.* (*antonym:* уже́)
❷ **also**, **in addition** Ка́тя говори́т по-францу́зски. Ещё она́ изуча́ет неме́цкий язы́к. *Katya speaks French. She's also learning German.*

Жж Жж *Жж*

жаль PARTICLE
it is a pity (that...) Жаль, что у вас нет вре́мени. *It is a pity that you do not have time.* Мне о́чень жаль. *I apologize, I'm sorry*

жа́рко PREDICATIVE ADJECTIVE
hot В ию́ле здесь о́чень жа́рко. *In July, it is very hot here.*

ждать IMPERFECTIVE VERB
wait Я не могу́ до́лго ждать. *I cannot wait long.* (*perfective verb:* подожда́ть)

PRES.	я жду	мы ждём
	ты ждёшь	вы ждёте
	он ждёт	они́ ждут
PAST	M. ждал	NT. жда́ло
	F. ждала́	PL. жда́ли
IMPER.	SG. жди	PL. жди́те

жела́ть IMPERFECTIVE VERB
wish, desire Я жела́ю тебе́ сча́стья! *I wish you happiness!* (*perfective verb:* пожела́ть)
⚠ This word is not used to express *I wish I (could, etc.)...*

PRES.	я жела́ю	мы жела́ем
	ты жела́ешь	вы жела́ете
	он жела́ет	они́ жела́ют
PAST	M. жела́л	NT. жела́ло
	F. жела́ла	PL. жела́ли

жёлтый ADJECTIVE
yellow Тебе́ нра́вится жёлтый цвет? *Do you like (the color) yellow?*

M. жёлтый	NT. жёлтое
F. жёлтая	PL. жёлтые

жена́ NOUN
wife Моя́ жена́ рабо́тает в музе́е. *My wife works at a museum.* (*antonym:* муж)

	SING.	PL.
NOM.	жена́	жёны
GEN.	жены́	жён
DAT.	жене́	жёнам
ACC.	жену́	жён
INSTR.	жено́й	жёнами
PREP.	жене́	жёнах

же́нский ADJECTIVE
female, feminine, woman's – Ми́тя – это же́нское и́мя? – Нет, мужско́е. *Is Mitya a girls' name? – No, it's a boys' name.* (*antonym:* мужско́й)

M. же́нский	NT. же́нское
F. же́нская	PL. же́нские

же́нский род NOUN
(*grammar*) **feminine gender**

же́нщина NOUN
woman На заво́де рабо́тает мно́го же́нщин. *A lot of women work in the factory.* (*antonym:* мужчи́на)

	SING.	PL.
NOM.	же́нщина	же́нщины
GEN.	же́нщины	же́нщин
DAT.	же́нщине	же́нщинам
ACC.	же́нщину	же́нщин
INSTR.	же́нщиной	же́нщинами
PREP.	же́нщине	же́нщинах

Же́ня NOUN
❶ (*man's name*) **Zhenya** (*nickname of* **Евге́ний** Eugene, Yevgeny)
❷ (*woman's name*) **Zhenya** (*nickname of* **Евге́ния** Yevgeniya)

жизнь NOUN, FEMININE
life Я люблю жизнь! *I love life!*

	SING.	PL.
NOM.	жизнь	жизни
GEN.	жизни	жизней
DAT.	жизни	жизням
ACC.	жизнь	жизни
INSTR.	жизнью	жизнями
PREP.	жизни	жизнях

житель NOUN, MASCULINE
inhabitant Жители города любят гулять в парке. *Residents of the city like a walk in the park.*

	SING.	PL.
NOM.	житель	жители
GEN.	жителя	жителей
DAT.	жителю	жителям
ACC.	жителя	жителей
INSTR.	жителем	жителями
PREP.	жителе	жителях

жить IMPERFECTIVE VERB
❶ **live** Где вы хотите жить? *Where do you want to live?*
❷ **stay** Мы будем жить в гостинице? *Are we going to stay at a hotel?*

PRES.	я живу	мы живём
	ты живёшь	вы живёте
	он живёт	они живут
PAST	M. жил	NT. жило, жило
	F. жила	PL. жили

журнал NOUN
magazine Вы читаете журналы? *Do you read magazines?*

	SING.	PL.
NOM.	журнал	журналы
GEN.	журнала	журналов
DAT.	журналу	журналам
ACC.	журнал	журналы
INSTR.	журналом	журналами
PREP.	журнале	журналах

журналист NOUN
journalist Журналист написал много статей. *The journalist wrote a lot of articles.*

	SING.	PL.
NOM.	журналист	журналисты
GEN.	журналиста	журналистов
DAT.	журналисту	журналистам
ACC.	журналиста	журналистов
INSTR.	журналистом	журналистами
PREP.	журналисте	журналистах

Зз З з З з

забыва́ть IMPERFECTIVE VERB
forget Я всегда́ забыва́ю твой день рожде́ния. *I always forget your birthday.* (antonym: вспомина́ть)
(*perfective verb:* забы́ть)

PRES.	я забыва́ю	мы забыва́ем
	ты забыва́ешь	вы забыва́ете
	он забыва́ет	они́ забыва́ют
PAST	M. забыва́л	NT. забыва́ло
	F. забыва́ла	PL. забыва́ли

забы́ть PERFECTIVE VERB
forget Ты забы́л ключи́?! *You forgot the keys?!* (antonym: вспо́мнить)
(*imperfective verb:* забыва́ть)

FUT.	я забу́ду	мы забу́дем
	ты забу́дешь	вы забу́дете
	он забу́дет	они́ забу́дут
PAST	M. забы́л	NT. забы́ло
	F. забы́ла	PL. забы́ли

заво́д NOUN
factory Ви́ктор рабо́тает на заво́де? *Does Victor work in a factory?*

	SING.	PL.
NOM.	заво́д	заво́ды
GEN.	заво́да	заво́дов
DAT.	заво́ду	заво́дам
ACC.	заво́д	заво́ды
INSTR.	заво́дом	заво́дами
PREP.	заво́де	заво́дах

за́втра ADVERB
tomorrow Мы ку́пим хлеб за́втра. *We will buy bread tomorrow.* (antonym: вчера́)

за́втрак NOUN
breakfast Ма́ма всегда́ гото́вит вку́сные за́втраки. *Mom always prepares delicious breakfasts.*

	SING.	PL.
NOM.	за́втрак	за́втраки
GEN.	за́втрака	за́втраков
DAT.	за́втраку	за́втракам
ACC.	за́втрак	за́втраки
INSTR.	за́втраком	за́втраками
PREP.	за́втраке	за́втраках

за́втракать IMPERFECTIVE VERB
have breakfast Обы́чно я не за́втракаю. *I do not usually eat breakfast.*
(*perfective verb:* поза́втракать)

PRES.	я за́втракаю	мы за́втракаем
	ты за́втракаешь	вы за́втракаете
	он за́втракает	они́ за́втракают
PAST	M. за́втракал	NT. за́втракало
	F. за́втракала	PL. за́втракали

зада́ть PERFECTIVE VERB
set, put Вы зада́ли о́чень интере́сный вопро́с. *You have asked a very interesting question.*
(*imperfective verb:* задава́ть)

FUT.	я зада́м	мы задади́м
	ты зада́шь	вы задади́те
	он зада́ст	они́ зададу́т
PAST	M. за́дал	NT. за́дало
	F. задала́	PL. за́дали

зада́ча NOUN **task, (math) problem** Ты ду́маешь, что э́то тру́дная зада́ча? *Do you think that this is a difficult task?*

	SING.	PL.
NOM.	зада́ча	зада́чи
GEN.	зада́чи	зада́ч
DAT.	зада́че	зада́чам
ACC.	зада́чу	зада́чи

INSTR. зада́чей зада́чами
PREP. зада́че зада́чах

зака́нчивать IMPERFECTIVE VERB
(+ noun or imperfective verb)
finish Я зака́нчиваю рабо́ту в шесть часо́в ве́чера. *I finish work at six p.m.* – Ви́тя, уже́ по́здно, тебе́ ну́жно спать. – Хорошо́, ма́ма. Я зака́нчиваю чита́ть и иду́ спать. *Vitya, it's late. You need to go to bed. – Okay, Mom. I'm [just] finishing up reading and I'll go to bed.* (*antonym:* начина́ть) (*perfective verb:* зако́нчить)

PRES.	зака́нчиваю	зака́нчиваем
	зака́нчиваешь	зака́нчиваете
	зака́нчивает	зака́нчивают
PAST	M. зака́нчивал	NT. зака́нчивало
	F. зака́нчивала	PL. зака́нчивали

зако́нчить PERFECTIVE VERB
finish Мне ну́жно зако́нчить статью́ к понеде́льнику. *I need to finish the article by Monday.* (*antonym:* нача́ть) (*imperfective verb:* зака́нчивать)

FUT.	я зако́нчу	мы зако́нчим
	ты зако́нчишь	вы зако́нчите
	он зако́нчит	они́ зако́нчат
PAST	M. зако́нчил	NT. зако́нчило
	F. зако́нчила	PL. зако́нчили

закрыва́ть IMPERFECTIVE VERB
close, shut Я всегда́ закрыва́ю дверь. *I always close the door.* (*antonym:* открыва́ть) (*perfective verb:* закры́ть)

PRES.	я закрыва́ю	мы закрыва́ем
	ты закрыва́ешь	вы закрыва́ете
	он закрыва́ет	они́ закрыва́ют
PAST	M. закрыва́л	NT. закрыва́ло
	F. закрыва́ла	PL. закрыва́ли
IMPER.	SG. закрыва́й	PL. закрыва́йте

закры́т SHORT ADJECTIVE
closed Я ду́мала, что банк закры́т сего́дня. *I thought that the bank was closed today.* (*antonym:* откры́т)

M.	закры́т	NT. закры́то
F.	закры́та	PL. закры́ты

закры́ть PERFECTIVE VERB
close, shut Я не могу́ закры́ть окно́. Помоги́, пожа́луйста. *I cannot close the window. Please help me.* (*antonym:* откры́ть) (*imperfective verb:* закрыва́ть)

FUT.	я закро́ю	мы закро́ем
	ты закро́ешь	вы закро́ете
	он закро́ет	они́ закро́ют
PAST	M. закры́л	NT. закры́ло
	F. закры́ла	PL. закры́ли
IMPER.	SG. закро́й	PL. закро́йте

занима́ться IMPERFECTIVE VERB
❶ **do, practice** (+ *instrumental case*) Когда́ вы на́чали занима́ться спо́ртом? *When did you start to play sports?*
❷ **study** Ты до́лжен мно́го занима́ться, потому́ что в феврале́ у тебя́ экза́мен. *You have to study a lot because you have an exam in February.*

PRES.	я занима́юсь	мы занима́емся
	ты ...ма́ешься	вы занима́етесь
	он занима́ется	они́ занима́ются
PAST	M. занима́лся	NT. занима́лось
	F. занима́лась	PL. занима́лись

за́нят SHORT ADJECTIVE
busy Извини́, я не могу́ пойти́ в кино́. Я бу́ду за́нят ве́чером. *Sorry, I can't go to the movies. I'll be busy in the evening.*

M.	за́нят	NT. за́нято
F.	занята́	PL. за́няты

запомина́ть IMPERFECTIVE VERB

memorize Что помога́ет тебе́ запомина́ть те́ксты? *What helps you to remember the texts?* (*perfective verb:* запо́мнить)

PRES.	я запомина́ю		мы ...на́ем
	ты запомина́ешь		вы ...на́ете
	он запомина́ет		они́ ...на́ют
PAST	M. запомина́л	F.	запомина́ла
	NT. запомина́ло	PL.	запомина́ли

запо́мнить PERFECTIVE VERB

memorize Я не могу́ запо́мнить э́то сло́во. *I cannot remember the word.* (*imperfective verb:* запомина́ть)

FUT.	я запо́мню		мы запо́мним
	ты запо́мнишь		вы запо́мните
	он запо́мнит		они́ запо́мнят
PAST	M. запо́мнил	NT.	запо́мнило
	F. запо́мнила	PL.	запо́мнили

запята́я NOUN

(*grammar*) **comma**

зачём ADVERB

what for, **why** Зачём вы е́дете в Москву́? *What are you going to Moscow for?*

звать IMPERFECTIVE VERB

❶ **call** Тебя́ зову́т Майкл, пра́вильно? *Your name is Michael, right?* **Меня́ зову́т __.** *My name is __.*
⚠ This verb is used with people and animals, not inanimate objects. (*compare:* называ́ться)

❷ **invite** Мы всегда́ зовём друзе́й в кино́. *We always invite friends to go to the movies.* (*perfective verb:* позва́ть)

PRES.	я зову́		мы зовём
	ты зовёшь		вы зовёте
	он зовёт		они́ зову́т
PAST	M. звал	NT.	зва́ло
	F. звала́	PL.	зва́ли

звони́ть IMPERFECTIVE VERB

call, **telephone** Я звоню́ ма́ме ка́ждое воскресе́нье. *I call my mother every Sunday.* (*perfective verb:* позвони́ть)

PRES.	я звоню́		мы звони́м
	ты звони́шь		вы звони́те
	он звони́т		они́ звоня́т
PAST	M. звони́л	NT.	звони́ло
	F. звони́ла	PL.	звони́ли

звук NOUN

(*grammar*) **sound**

зда́ние NOUN

building Зда́ние ба́нка нахо́дится недалеко́ от апте́ки. *The bank building is located near the pharmacy.*

	SING.	PL.
NOM.	зда́ние	зда́ния
GEN.	зда́ния	зда́ний
DAT.	зда́нию	зда́ниям
ACC.	зда́ние	зда́ния
INSTR.	зда́нием	зда́ниями
PREP.	зда́нии	зда́ниях

здесь ADVERB

here И́горь и Ве́ра всегда́ гуля́ют здесь. *Igor and Vera always go for walks here.* (*synonym:* тут, *antonym:* там)

здоро́в SHORT ADJECTIVE

healthy За́втра Бо́ря пойдёт в шко́лу. Он уже́ здоро́в. *Tomorrow Borya is going to school. He's healthy now.* (*antonym:* бо́лен)

M.	здоро́в	NT.	здоро́во
F.	здорова́	PL.	здоро́вы

здоро́вье NOUN

health Как ва́ше здоро́вье? *How is your health?*

здра́вствуйте INTERJECTION
(formal) **hello** Здра́вствуйте, Ива́н Петро́вич! Ра́ды ви́деть вас! *Hello, Ivan Petrovich! We're glad to see you!* (*compare:* приве́т, *antonym:* до свида́ния)
⚠ Pronounced /здра́ствуйти/ (without в sound).

зелёный ADJECTIVE
green Вы лю́бите зелёные я́блоки? *Do you like green apples?*

M.	зелёный	NT.	зелёное
F.	зелёная	PL.	зелёные

земля́ NOUN
ground, earth Твой нож лежи́т на земле́. *Your knife is lying on the ground.*

	SING.	PL.
NOM.	земля́	зе́мли
GEN.	земли́	земе́ль
DAT.	земле́	зе́млям
ACC.	зе́млю	зе́мли
INSTR.	землёй	зе́млями
PREP.	земле́	зе́млях

зима́ NOUN
winter Ты лю́бишь зи́му? *Do you like winter?* (*antonym:* ле́то)

	SING.	PL.
NOM.	зима́	зи́мы
GEN.	зимы́	зим
DAT.	зиме́	зи́мам
ACC.	зи́му	зи́мы
INSTR.	зимо́й	зи́мами
PREP.	зиме́	зи́мах

зимо́й ADVERB
in the winter Мы не лю́бим гуля́ть зимо́й. *We do not like to go for walks in the winter.* (*antonym:* ле́том)

знать IMPERFECTIVE VERB
know Ты не зна́ешь, где живёт Татья́на? *Do you happen to know where Tatiana lives?*

PRES.	я зна́ю		мы зна́ем
	ты зна́ешь		вы зна́ете
	он зна́ет		они́ зна́ют
PAST	M. знал	NT.	зна́ло
	F. зна́ла	PL.	зна́ли

значе́ние сло́ва NOUN
(grammar) **meaning of a word**

зонт NOUN
umbrella Вы взя́ли зонт? *Did you take an umbrella?*

	SING.	PL.
NOM.	зонт	зонты́
GEN.	зонта́	зонто́в
DAT.	зонту́	зонта́м
ACC.	зонт	зонты́
INSTR.	зонто́м	зонта́ми
PREP.	зонте́	зонта́х

зоопа́рк NOUN
zoo Я никогда́ не был в зоопа́рке. *I have never been to the zoo.*

	SING.	PL.
NOM.	зоопа́рк	зоопа́рки
GEN.	зоопа́рка	зоопа́рков
DAT.	зоопа́рку	зоопа́ркам
ACC.	зоопа́рк	зоопа́рки
INSTR.	зоопа́рком	зоопа́рками
PREP.	зоопа́рке	зоопа́рках

Ии *Ии Ии*

и CONJUNCTION
and У меня́ есть брат и две сестры́. *I have a brother and two sisters.*

Ива́н NOUN
(man's name) **Ivan** *(nickname:* **Ва́ня** *Vanya)*

И́горь NOUN
(man's name) **Igor**

игра́ NOUN
game Э́то о́чень весёлая игра́! *This is a very fun game!*

	SING.	PL.
NOM.	игра́	и́гры
GEN.	игры́	игр
DAT.	игре́	и́грам
ACC.	игру́	и́гры
INSTR.	игро́й	и́грами
PREP.	игре́	и́грах

игра́ть IMPERFECTIVE VERB
❶ **play** Ты ча́сто игра́ешь с соба́кой? *Do you often play with the dog?*
❷ *(+ в)* **play** *(a sport)* Ра́ньше я игра́л в баскетбо́л. *I used to play basketball.*
❸ *(+ на)* **play** *(an instrument)* Моя́ сестра́ игра́ет на пиани́но. *My sister plays the piano.*
(perfective verb: сыгра́ть*)*

PRES.	я игра́ю	мы игра́ем
	ты игра́ешь	вы игра́ете
	он игра́ет	они́ игра́ют
PAST	M. игра́л	NT. игра́ло
	F. игра́ла	PL. игра́ли

идти́ IMPERFECTIVE VERB
❶ *(on foot)* **go**, **walk** Я не хочу́ идти́ в магази́н так по́здно. *I do not want to go to the store so late.*
❷ *(vehicle as subject)* **go** Куда́ идёт э́тот автобу́с? *Where is this bus going?*
❸ *(time)* **go by**, **pass** Вре́мя идёт о́чень бы́стро. *Time goes by very quickly.*
❹ *(rain, snow)* **rain** Зимо́й здесь ча́сто идёт дождь. *It rains here a lot in the winter.*
❺ *(movie)* **play**, **show** Э́тот фильм уже́ идёт в кино́? *Is this movie already showing at the cinema?*
(perfective verb: пойти́*)*

PRES.	я иду́	мы идём
	ты идёшь	вы идёте
	он идёт	они́ иду́т
PAST	M. шёл	NT. шло
	F. шла	PL. шли
IMPER.	SG. иди́	PL. иди́те

из PREPOSITION
(+ genitive case) **from** Вы из Фра́нции? *Are you from France?* *(antonym:* в*)*

изве́стный ADJECTIVE
famous Э́то о́чень изве́стный худо́жник. *This is a very well-known artist.*
⚠ Pronounced /изве́сный/.

M.	изве́стный	NT.	изве́стное
F.	изве́стная	PL.	изве́стные

извини́(те) INTERJECTION
❶ **excuse me**, **pardon** Извини́те, где здесь апте́ка? *Excuse me, where is the*

pharmacy around here?
Извини́те, вы не зна́ете...?
Excuse me, do you (happen to) know...?
❷ **(I'm) sorry** Извини́те, что я опозда́л. *Sorry, I'm late.*

изуча́ть IMPERFECTIVE VERB
learn, study Како́й язы́к ты изуча́ла в шко́ле? *What language did you study at school?*
(*perfective verb:* изучи́ть)

PRES.	я изуча́ю	мы изуча́ем
	ты изуча́ешь	вы изуча́ете
	он изуча́ет	они́ изуча́ют
PAST	M. изуча́л	NT. изуча́ло
	F. изуча́ла	PL. изуча́ли

изучи́ть PERFECTIVE VERB
learn, study Я хорошо́ изучи́ла э́тот вопро́с. *I have studied this issue well.*
(*imperfective verb:* изуча́ть)

FUT.	я изучу́	мы изу́чим
	ты изу́чишь	вы изу́чите
	он изу́чит	они́ изу́чат
PAST	M. изучи́л	NT. изучи́ло
	F. изучи́ла	PL. изучи́ли

и́ли CONJUNCTION
or Вы живёте в до́ме и́ли в кварти́ре? *Do you live in a house or in an apartment?*

им (ним)[1] PRONOUN, INSTRUMENTAL CASE
❶ MASCULINE **him** Мы не бу́дем говори́ть с ним. *We will not talk with him.* (*see also:* он)
❷ NEUTER **it** – Ты бу́дешь писа́ть карандашо́м? – Да, мне нра́вится им писа́ть. *Are you going to write with a pencil? – Yes, I like writing with it.* (*see also:* оно́)

⚠ Following a preposition, the form **ним** is used: **с ним** *with him*

им (ним)[2] PRONOUN, DATIVE CASE
(to) them Им нужны́ кни́ги. *They need books.* Да́йте им пять словаре́й. *Give him five dictionaries.* (*see also:* они́)

⚠ Following a preposition, the form **ним** is used: **к ним** *toward them*

имени́тельный паде́ж NOUN
(*grammar*) **nominative case**

и́ми (ни́ми) PRONOUN, INSTRUMENTAL CASE
them Вы хоти́те идти́ с ни́ми? *Do you want to go with them?* (*see also:* они́)

⚠ Following a preposition, the form **ни́ми** is used: **с ни́ми** *with them*

императи́в NOUN
(*grammar*) **imperative mood**
(*synonym:* повели́тельное наклоне́ние)

и́мя NOUN, NEUTER
(first) name У тебя́ краси́вое и́мя. *You have a beautiful name.*

	SING.	PL.
NOM.	и́мя	имена́
GEN.	и́мени	имён
DAT.	и́мени	имена́м
ACC.	и́мя	имена́
INSTR.	и́менем	имена́ми
PREP.	и́мени	имена́х

И́ндия NOUN
(*geography*) **India** Вы зна́ете столи́цу Йндии? *Do you know the capital of India?*

NOM.	И́ндия	ACC.	И́ндию
GEN.	И́ндии	INSTR.	И́ндией
DAT.	И́ндии	PREP.	И́ндии

инжене́р NOUN

engineer Вы инжене́р? *Are you an engineer?*

	SING.	PL.
NOM.	инжене́р	инжене́ры
GEN.	инжене́ра	инжене́ров
DAT.	инжене́ру	инжене́рам
ACC.	инжене́ра	инжене́ров
INSTR.	инжене́ром	инжене́рами
PREP.	инжене́ре	инжене́рах

иногда́ ADVERB

sometimes Иногда́ я гуля́ю с друзья́ми в па́рке. *Sometimes I hang out with friends at the park.*

иностра́нец NOUN

foreigner У вас в гру́ппе есть иностра́нцы? *Are there any foreigners in your group?*

	SING.	PL.
NOM.	иностра́нец	иностра́нцы
GEN.	иностра́нца	иностра́нцев
DAT.	иностра́нцу	иностра́нцам
ACC.	иностра́нца	иностра́нцев
INSTR.	иностра́нцем	иностра́нцами
PREP.	иностра́нце	иностра́нцах

иностра́нка NOUN

foreigner Его́ жена́ иностра́нка. *His wife is a foreigner.*

	SING.	PL.
NOM.	иностра́нка	иностра́нки
GEN.	иностра́нки	иностра́нок
DAT.	иностра́нке	иностра́нкам
ACC.	иностра́нку	иностра́нок
INSTR.	иностра́нкой	иностра́нками
PREP.	иностра́нке	иностра́нках

иностра́нный ADJECTIVE

foreign Мне нра́вится изуча́ть иностра́нные языки́. *I like to study foreign languages.*

M.	иностра́нный	NT.	иностра́нное
F.	иностра́нная	PL.	иностра́нные

институ́т NOUN

institute Я учи́лась в институ́те. *I studied at the institute.*

	SING.	PL.
NOM.	институ́т	институ́ты
GEN.	институ́та	институ́тов
DAT.	институ́ту	институ́там
ACC.	институ́т	институ́ты
INSTR.	институ́том	институ́тами
PREP.	институ́те	институ́тах

интере́сно ADVERB

❶ **interestingly** Тебе́ э́то интере́сно? *Are you interested in this?*

❷ **I wonder...** Интере́сно, почему́ Лари́са не пришла́ сего́дня. *I wonder why Larisa did not come today.*

интере́сный ADJECTIVE

interesting Э́то интере́сная кни́га? *Is it an interesting book?*

M.	интере́сный	NT.	интере́сное
F.	интере́сная	PL.	интере́сные

интересова́ться IMPERFECTIVE VERB

be interested in Я интересу́юсь му́зыкой. *I'm interested in music.*

PRES.	я интересу́юсь	мы ...су́емся
	ты интересу́ешься	вы ...су́етесь
	он интересу́ется	они́ ...су́ются
PAST	M. интересова́лся	F. ...сова́лась
	NT. интересова́лось	PL. ...сова́лись

Интерне́т SINGULAR NOUN

the Internet Я не могу́ рабо́тать без Интерне́та. *I cannot work without the Internet.*

NOM.	Интерне́т	ACC.	Интерне́т
GEN.	Интерне́та	INSTR.	Интерне́том
DAT.	Интерне́ту	PREP.	Интерне́те

интона́ция NOUN
(grammar) **intonation**

инфинити́в NOUN
(grammar) **infinitive**

И́ра NOUN
(woman's name) **Ira** *(nickname of* **Ири́на** *Irina)*

Ири́на NOUN
(woman's name) **Irina** *(nickname:* **И́ра** *Ira)*

иску́сство NOUN
art Ты понима́ешь иску́сство? *Do you understand art?*

	SING.	PL.
NOM.	иску́сство	иску́сства
GEN.	иску́сства	иску́сств
DAT.	иску́сству	иску́сствам
ACC.	иску́сство	иску́сства
INSTR.	иску́сством	иску́сствами
PREP.	иску́сстве	иску́сствах

испа́нец NOUN
Spaniard Испа́нцы спят днём. *Spaniards sleep during the day.*

	SING.	PL.
NOM.	испа́нец	испа́нцы
GEN.	испа́нца	испа́нцев
DAT.	испа́нцу	испа́нцам
ACC.	испа́нца	испа́нцев
INSTR.	испа́нцем	испа́нцами
PREP.	испа́нце	испа́нцах

Испа́ния NOUN
(geography) **Spain** В Испа́нии о́чень хоро́шее вино́. *They have really good wine in Spain.*

NOM.	Испа́ния	ACC.	Испа́нию
GEN.	Испа́нии	INSTR.	Испа́нией
DAT.	Испа́нии	PREP.	Испа́нии

испа́нка NOUN
Spaniard Испа́нки лю́бят танцева́ть. *Spanish women like to dance.*

	SING.	PL.
NOM.	испа́нка	испа́нки
GEN.	испа́нки	испа́нок
DAT.	испа́нке	испа́нкам
ACC.	испа́нку	испа́нок
INSTR.	испа́нкой	испа́нками
PREP.	испа́нке	испа́нках

испа́нский ADJECTIVE
Spanish Я изуча́л испа́нский язы́к пять лет наза́д. *I studied Spanish five years ago.* (*see note:* америка́нский)

M.	испа́нский	NT.	испа́нское
F.	испа́нская	PL.	испа́нские

исто́рик NOUN
historian Ваш преподава́тель – исто́рик? *Is your teacher a historian?*

	SING.	PL.
NOM.	исто́рик	исто́рики
GEN.	исто́рика	исто́риков
DAT.	исто́рику	исто́рикам
ACC.	исто́рика	исто́риков
INSTR.	исто́риком	исто́риками
PREP.	исто́рике	исто́риках

истори́ческий ADJECTIVE
historic, historical Мой родно́й го́род – э́то истори́ческий го́род. *My hometown is a historic city.*

M.	истори́ческий	NT.	истори́ческое
F.	истори́ческая	PL.	истори́ческие

исто́рия NOUN
❶ SINGULAR NOUN **history** Вы изуча́ете исто́рию Росси́и? *Are you studying the history of Russia?*
❷ NOUN **story** Я хочу́ рассказа́ть вам исто́рию. *I want to tell you a story.*

NOM.	исто́рия	ACC.	исто́рию
GEN.	исто́рии	INSTR.	исто́рией
DAT.	исто́рии	PREP.	исто́рии

Италия NOUN

(geography) **Italy** Ири́на была́ в Ита́лии два ра́за. *Irina has been to Italy twice.*

NOM.	Ита́лия	ACC.	Ита́лию
GEN.	Ита́лии	INSTR.	Ита́лией
DAT.	Ита́лии	PREP.	Ита́лии

италья́нский ADJECTIVE

Italian Вам нра́вится италья́нская му́зыка? *Do you like Italian music?*

их (них) PRONOUN, PLURAL

❶ GENITIVE CASE **them** У них нет дете́й. *They don't have any children.* (see also: они́, них)

❷ ACCUSATIVE CASE **them** Вы ви́дите их? *Do you see them?* (see also: они́)

⚠ Following a preposition, the form них is used: **у них есть…** *they have* / **у них нет…** *they do not have…*

их PRONOUN, POSSESSIVE, PLURAL

their Их дом нахо́дится недалеко́. *Their house is near.*

⚠ The possessive pronoun их is invariable. It does not change form before a masculine, feminine, neuter, or plural noun.

M. их   NT. их   F. их   PL. их

ию́ль NOUN, MASCULINE

July Я всегда́ е́зжу к ба́бушке в ию́ле. *I always go to my grandmother's in July.*

	SING.	PL.
NOM.	ию́ль	ию́ли
GEN.	ию́ля	ию́лей
DAT.	ию́лю	ию́лям
ACC.	ию́ль	ию́ли
INSTR.	ию́лем	ию́лями
PREP.	ию́ле	ию́лях

ию́нь NOUN, MASCULINE

June Моя́ сестра́ родила́сь в ию́не. *My sister was born in June.*

	SING.	PL.
NOM.	ию́нь	ию́ни
GEN.	ию́ня	ию́ней
DAT.	ию́ню	ию́ням
ACC.	ию́нь	ию́ни
INSTR.	ию́нем	ию́нями
PREP.	ию́не	ию́нях

Кк Кк *Кк*

к (ко) PREPOSITION
(+ dative case) **to, toward** Мы приéдем к вам лéтом. *We will come to you in the summer.*

кабинéт NOUN
(home) office, study Отéц в кабинéте? *Is Dad in the office?*
⚠ False friend! Кабинéт does not mean cabinet. *(compare:* шкаф*)*

	SING.	PL.
NOM.	кабинéт	кабинéты
GEN.	кабинéта	кабинéтов
DAT.	кабинéту	кабинéтам
ACC.	кабинéт	кабинéты
INSTR.	кабинéтом	кабинéтами
PREP.	кабинéте	кабинéтах

кавы́чки PLURAL NOUN
(grammar) **quotation marks**

кáждый ADJECTIVE
every, each Мы éздим отдыхáть кáждый год. *We go on vacation every year.*
M. кáждый NT. кáждое
F. кáждая PL. кáждые

как ADVERB, CONJUNCTION
❶ ADVERB **how** Как сказáть "ногá" по-англи́йски? *How do you say "нога" in English?*
❷ CONJUNCTION **how** Я хочу́ знать, как ты сдéлал э́то. *I want to know how you did this.*

какóй PRONOUN
❶ *(question)* **which, what kind of** Какóй твой люби́мый день недéли? *What's your favorite day of the week?*
❷ *(exclamation)* **What a...!** Какóе большóе крéсло! *What a big armchair!*
M. какóй NT. какóе
F. какáя PL. каки́е

карандáш NOUN
pencil Зачéм ты пи́шешь карандашóм? *Why do you write with a pencil?*

	SING.	PL.
NOM.	карандáш	карандаши́
GEN.	карандашá	карандашéй
DAT.	карандашу́	карандашáм
ACC.	карандáш	карандаши́
INSTR.	карандашóм	карандашáми
PREP.	карандашé	карандашáх

кáрта NOUN
map Вам нужнá кáрта? *Do you need a map?*

	SING.	PL.
NOM.	кáрта	кáрты
GEN.	кáрты	карт
DAT.	кáрте	кáртам
ACC.	кáрту	кáрты
INSTR.	кáртой	кáртами
PREP.	кáрте	кáртах

карти́на NOUN
painting, picture Мне не нрáвится э́та карти́на. *I do not like this painting.*

	SING.	PL.
NOM.	карти́на	карти́ны
GEN.	карти́ны	карти́н
DAT.	карти́не	карти́нам
ACC.	карти́ну	карти́ны
INSTR.	карти́ной	карти́нами
PREP.	карти́не	карти́нах

картóфель SINGULAR NOUN, MASCULINE
potatoes Ты чáсто ешь

картófель? *Do you often eat potatoes?*

	SING.		
NOM.	картóфель	ACC.	картóфель
GEN.	картóфеля	INSTR.	картóфелем
DAT.	картóфелю	PREP.	картóфеле

кácca NOUN

cash register, **checkout stand**, **pay desk**, **ticket window**, **box office** Вы не знáете, где кácca? *Do you know where the ticket window is?*

	SING.	PL.
NOM.	кácca	кáссы
GEN.	кáссы	касс
DAT.	кáссе	кáссам
ACC.	кáссу	кáссы
INSTR.	кáссой	кáссами
PREP.	кáссе	кáссах

Кáтя NOUN

(woman's name) **Katya** *(nickname of* **Екатерúна** *Catherine)*

кафé INDECLINABLE NOUN

café Я всегдá обéдаю в кафé. *I always have lunch at the café.*

⚠ Pronounced /кафэ́/. Кафé is indeclinable. It does not change form for case or number.

	SING.	PL.
NOM.	кафé	кафé
GEN.	кафé	кафé
DAT.	кафé	кафé
ACC.	кафé	кафé
INSTR.	кафé	кафé
PREP.	кафé	кафé

квартúра NOUN

apartment Это вáша квартúра? *Is this your apartment?*

	SING.	PL.
NOM.	квартúра	квартúры
GEN.	квартúры	квартúр
DAT.	квартúре	квартúрам
ACC.	квартúру	квартúры
INSTR.	квартúрой	квартúрами
PREP.	квартúре	квартúрах

килогрáмм NOUN

kilogram Я хочý купúть два килогрáмма я́блок. *I want to buy two kilos of apples.*

	SING.	PL.
NOM.	килогрáмм	килогрáммы
GEN.	килогрáмма	килогрáммов
DAT.	килогрáмму	килогрáммам
ACC.	килогрáмм	килогрáммы
INSTR.	килогрáммом	килогрáммами
PREP.	килогрáмме	килогрáммах

километр NOUN

kilometer Скóлько километров от Москвы́ до Санкт-Петербýрга? *How many kilometers is it from Moscow to St. Petersburg?*

	SING.	PL.
NOM.	километр	километры
GEN.	километра	километров
DAT.	километру	километрам
ACC.	километр	километры
INSTR.	километром	километрами
PREP.	километре	километрах

кинó INDECLINABLE NOUN, NEUTER

cinema, **movie theater** Давáйте пойдём в кинó! *Let's go to the movies!*

⚠ Кинó is indeclinable. It does not change form for case or number.

	SING.	PL.
NOM.	кинó	кинó
GEN.	кинó	кинó
DAT.	кинó	кинó
ACC.	кинó	кинó
INSTR.	кинó	кинó
PREP.	кинó	кинó

киóск NOUN

kiosk, **newspaper stand**, **booth** Что мы мóжем купúть в киоске? *What can we buy at a kiosk?*

	SING.	PL.
NOM.	киоск	киоски
GEN.	киоска	киосков
DAT.	киоску	киоскам
ACC.	киоск	киоски
INSTR.	киоском	киосками
PREP.	киоске	киосках

китаец NOUN

Chinese У меня есть друг. Он китаец. *I have a friend. He is Chinese.*

	SING.	PL.
NOM.	китаец	китайцы
GEN.	китайца	китайцев
DAT.	китайцу	китайцам
ACC.	китайца	китайцев
INSTR.	китайцем	китайцами
PREP.	китайце	китайцах

Китай NOUN

(geography) **China** Я живу в России, недалеко от Китая. *I live in Russia, not far from China.*

NOM.	Китай	ACC.	Китай
GEN.	Китая	INSTR.	Китаем
DAT.	Китаю	PREP.	Китае

китайский ADJECTIVE

Chinese Марине нравится китайский чай? *Does Marina like Chinese tea?* (see note: американский)

M.	китайский	NT.	китайское
F.	китайская	PL.	китайские

китаянка NOUN

Chinese Эти китаянки говорят по-русски. *These Chinese women speak Russian.*

	SING.	PL.
NOM.	китаянка	китаянки
GEN.	китаянки	китаянок
DAT.	китаянке	китаянкам
ACC.	китаянку	китаянок
INSTR.	китаянкой	китаянками
PREP.	китаянке	китаянках

класс NOUN

classroom Сколько учеников сейчас в классе? *How many students are in the classroom now?*

⚠ Класс does not mean *class* (as in lesson). (see: урок)

	SING.	PL.
NOM.	класс	классы
GEN.	класса	классов
DAT.	классу	классам
ACC.	класс	классы
INSTR.	классом	классами
PREP.	классе	классах

клуб NOUN

❶ **club** В какой клуб ты хочешь пойти в школе? *What club do you want to join at school?*

❷ **nightclub** Вы идёте в клуб в субботу? *Are you going to a nightclub on Saturday?*

	SING.	PL.
NOM.	клуб	клубы
GEN.	клуба	клубов
DAT.	клубу	клубам
ACC.	клуб	клубы
INSTR.	клубом	клубами
PREP.	клубе	клубах

ключ NOUN

key Вы взяли ключ? *Did you take the key?*

	SING.	PL.
NOM.	ключ	ключи
GEN.	ключа	ключей
DAT.	ключу	ключам
ACC.	ключ	ключи
INSTR.	ключом	ключами
PREP.	ключе	ключах

кни́га NOUN
book Она́ прочита́ла мно́го книг. *She has read a lot of books.*

	SING.	PL.
NOM.	кни́га	кни́ги
GEN.	кни́ги	книг
DAT.	кни́ге	кни́гам
ACC.	кни́гу	кни́ги
INSTR.	кни́гой	кни́гами
PREP.	кни́ге	кни́гах

кни́жный ADJECTIVE
book- кни́жный магази́н bookstore Я зна́ю э́тот кни́жный магази́н. *I know this bookstore.*

M.	кни́жный	NT.	кни́жное
F.	кни́жная	PL.	кни́жные

ко PREPOSITION (*see:* к)

когда́ ADVERB, CONJUNCTION
❶ ADVERB when Когда́ ты ку́пишь но́вый телефо́н? *When are you buying a new phone?*
❷ CONJUNCTION when Я приду́, когда́ вы бу́дете гото́вы. *I will come when you are ready.*

колбаса́ NOUN
sausage Почему́ вы не лю́бите колбасу́? *Why don't you like sausage?*

	SING.	PL.
NOM.	колбаса́	колба́сы
GEN.	колбасы́	колба́с
DAT.	колбасе́	колба́сам
ACC.	колбасу́	колба́сы
INSTR.	колбасо́й	колба́сами
PREP.	колбасе́	колба́сах

коли́чественное числи́тельное NOUN
(*grammar*) **cardinal number**

Ко́ля NOUN
(*man's name*) **Kolya** (*nickname of* **Никола́й** Nicholas*)

коме́дия NOUN
comedy Алексе́й лю́бит смотре́ть коме́дии. *Alexei likes to watch comedies.*

	SING.	PL.
NOM.	коме́дия	коме́дии
GEN.	коме́дии	коме́дий
DAT.	коме́дии	коме́диям
ACC.	коме́дию	коме́дии
INSTR.	коме́дией	коме́диями
PREP.	коме́дии	коме́диях

ко́мната NOUN
room Ско́лько о́кон в ко́мнате? *How many windows are there in the room?*

	SING.	PL.
NOM.	ко́мната	ко́мнаты
GEN.	ко́мнаты	ко́мнат
DAT.	ко́мнате	ко́мнатам
ACC.	ко́мнату	ко́мнаты
INSTR.	ко́мнатой	ко́мнатами
PREP.	ко́мнате	ко́мнатах

компози́тор NOUN
composer Э́тот молодо́й компози́тор рабо́тает в Ита́лии. *This young composer works in Italy.*

	SING.	PL.
NOM.	компози́тор	компози́торы
GEN.	компози́тора	компози́торов
DAT.	компози́тору	компози́торам
ACC.	компози́тора	компози́торов
INSTR.	компози́тором	компози́торами
PREP.	компози́торе	компози́торах

компью́тер NOUN
computer У нас не́ было компью́тера, когда́ мы бы́ли детьми́. *We did not have a computer when we were kids.*
⚠ Listen carefully to the audio and notice how не is stressed more heavily than бы́ло.

	SING.	PL.
NOM.	компью́тер	компью́теры
GEN.	компью́тера	компью́теров
DAT.	компью́теру	компью́терам
ACC.	компью́тер	компью́теры
INSTR.	компью́тером	компью́терами
PREP.	компью́тере	компью́терах

конве́рт NOUN

envelope Ско́лько сто́ит конве́рт? *How much does an envelope cost?*

	SING.	PL.
NOM.	конве́рт	конве́рты
GEN.	конве́рта	конве́ртов
DAT.	конве́рту	конве́ртам
ACC.	конве́рт	конве́рты
INSTR.	конве́ртом	конве́ртами
PREP.	конве́рте	конве́ртах

коне́ц NOUN

end, ending Вам понра́вился коне́ц фи́льма? *Did you like the end of the movie?*

	SING.	PL.
NOM.	коне́ц	концы́
GEN.	конца́	концо́в
DAT.	концу́	конца́м
ACC.	коне́ц	концы́
INSTR.	концо́м	конца́ми
PREP.	конце́	конца́х

коне́чно ADVERB

of course – Вы лю́бите ко́фе? – Коне́чно! *Do you like coffee? – Of course!*
⚠ Pronounced /канéшна/.

конце́рт NOUN

concert Конце́рт бу́дет в суббо́ту. *The concert will be on Saturday.*

	SING.	PL.
NOM.	конце́рт	конце́рты
GEN.	конце́рта	конце́ртов
DAT.	конце́рту	конце́ртам
ACC.	конце́рт	конце́рты
INSTR.	конце́ртом	конце́ртами
PREP.	конце́рте	конце́ртах

копе́йка NOUN

kopeck *(1/100 ruble)* Газе́та сто́ит двена́дцать рубле́й пятьдеся́т копе́ек. *A newspaper costs twelve rubles fifty kopecks.*

	SING.	PL.
NOM.	копе́йка	копе́йки
GEN.	копе́йки	копе́ек
DAT.	копе́йке	копе́йкам
ACC.	копе́йку	копе́йки
INSTR.	копе́йкой	копе́йками
PREP.	копе́йке	копе́йках

Коре́я NOUN

(geography) **Korea** В Коре́е хоро́шая медици́на. *In Korea, they have good medical treatment.*

NOM.	Коре́я	ACC.	Коре́ю
GEN.	Коре́и	INSTR.	Коре́ей
DAT.	Коре́е	PREP.	Коре́е

кори́чневый ADJECTIVE

brown Све́те не нра́вится кори́чневый цвет. *Sveta doesn't like the color brown.*

M.	кори́чневый	NT.	кори́чневое
F.	кори́чневая	PL.	кори́чневые

костю́м NOUN

❶ **suit** Э́то твой но́вый костю́м? *Is this your new suit?*
❷ **costume** Нам ну́жен ру́сский наро́дный костю́м. *We need a Russian folk costume.*

	SING.	PL.
NOM.	костю́м	костю́мы
GEN.	костю́ма	костю́мов
DAT.	костю́му	костю́мам
ACC.	костю́м	костю́мы
INSTR.	костю́мом	костю́мами
PREP.	костю́ме	костю́мах

кото́рый PRONOUN

that, which, who Э́то Джон –

мой друг, кото́рый зна́ет о Росси́и всё. *This is John, a friend of mine who knows everything about Russia.*

ко́фе INDECLINABLE NOUN, MASCULINE

coffee Я никогда́ не пью ко́фе с молоко́м. *I never drink coffee with milk.*

⚠ Ко́фе is indeclinable. It does not change form for case or number.

	SING.	PL.
NOM.	ко́фе	ко́фе
GEN.	ко́фе	ко́фе
DAT.	ко́фе	ко́фе
ACC.	ко́фе	ко́фе
INSTR.	ко́фе	ко́фе
PREP.	ко́фе	ко́фе

ко́шка NOUN

cat У ма́мы всегда́ жи́ли ко́шки. *My mother has always had cats.*

	SING.	PL.
NOM.	ко́шка	ко́шки
GEN.	ко́шки	ко́шек
DAT.	ко́шке	ко́шкам
ACC.	ко́шку	ко́шек
INSTR.	ко́шкой	ко́шками
PREP.	ко́шке	ко́шках

краси́вый ADJECTIVE

beautiful – Каки́е краси́вые часы́! – Да. И они́ хорошо́ рабо́тают. *What a beautiful watch! – Yes, and it works really well.*

M.	краси́вый	NT.	краси́вое
F.	краси́вая	PL.	краси́вые

кра́сный ADJECTIVE

red У Еле́ны кра́сная и́ли бе́лая маши́на? *Does Elena have a red or a white car?*

M.	кра́сный	NT.	кра́сное
F.	кра́сная	PL.	кра́сные

кра́ткая фо́рма прилага́тельного NOUN

(grammar) **short form of an adjective**, **short adjective**

кре́сло NOUN

armchair Он сиде́л в кре́сле и смотре́л на меня́. *He sat in the armchair and looked at me.*

	SING.	PL.
NOM.	кре́сло	кре́сла
GEN.	кре́сла	кре́сел
DAT.	кре́слу	кре́слам
ACC.	кре́сло	кре́сла
INSTR.	кре́слом	кре́слами
PREP.	кре́сле	кре́слах

кто PRONOUN

who Кто идёт в кино́ ве́чером? *Who is going to the movies tonight?*

куда́ ADVERB, CONJUNCTION

❶ ADVERB **where** Куда́ вы е́здили в а́вгусте? *Where did you go in August?*

❷ CONJUNCTION **where** Мы не зна́ем, куда́ они́ иду́т. *We do not know where they are going.*

купи́ть PERFECTIVE VERB

buy Мне ну́жно купи́ть но́вое пла́тье. *I need to buy a new dress.*

(imperfective verb: покупа́ть*)*

FUT.	я куплю́	мы ку́пим
	ты ку́пишь	вы ку́пите
	он ку́пит	они́ ку́пят
PAST	M. купи́л	NT. купи́ло
	F. купи́ла	PL. купи́ли

ку́рица NOUN

chicken Вы лю́бите ку́рицу с я́блоками? *Do you like chicken with apples?*

	SING.	PL.
NOM.	ку́рица	ку́ры
GEN.	ку́рицы	кур
DAT.	ку́рице	ку́рам
ACC.	ку́рицу	кур
INSTR.	ку́рицей	ку́рами
PREP.	ку́рице	ку́рах

курс NOUN
(post-secondary education) **year** Я око́нчила пе́рвый курс университе́та. *I finished the first year of university.*

	SING.	PL.
NOM.	курс	ку́рсы
GEN.	ку́рса	ку́рсов
DAT.	ку́рсу	ку́рсам
ACC.	курс	ку́рсы
INSTR.	ку́рсом	ку́рсами
PREP.	ку́рсе	ку́рсах

ку́хня NOUN
❶ **kitchen** У вас больша́я ку́хня до́ма? *Do you have a large kitchen at home?*
❷ **cuisine**, **food** Нам о́чень нра́вится кита́йская ку́хня. *We love Chinese food.*

⚠ A common mistake by English speakers is to weaken or not pronounce х at the end of a syllable. Be sure to pronounce х clearly.

	SING.	PL.
NOM.	ку́хня	ку́хни
GEN.	ку́хни	ку́хонь
DAT.	ку́хне	ку́хням
ACC.	ку́хню	ку́хни
INSTR.	ку́хней	ку́хнями
PREP.	ку́хне	ку́хнях

Лл *Лл* *Лл*

ла́мпа NOUN
lamp Нам нужна́ ла́мпа для рабо́ты. *We need a lamp for work.*

	SING.	PL.
NOM.	ла́мпа	ла́мпы
GEN.	ла́мпы	ламп
DAT.	ла́мпе	ла́мпам
ACC.	ла́мпу	ла́мпы
INSTR.	ла́мпой	ла́мпами
PREP.	ла́мпе	ла́мпах

Ла́ра NOUN
(woman's name) **Lara**
(nickname of Лари́са *Larissa)*

Лари́са NOUN
(woman's name) **Larissa**
(nickname: Ла́ра *Lara)*

ле́вый ADJECTIVE
left(-hand) Мой ле́вый глаз ви́дит не так хорошо́, как пра́вый. *My left eye doesn't see as good as the right one.* (antonym: пра́вый)

M.	ле́вый	NT.	ле́вое
F.	ле́вая	PL.	ле́вые

лёгкий ADJECTIVE
❶ **light(-weight)** У меня́ лёгкая су́мка. *I have a light-weight bag.*
❷ **easy** Э́то лёгкая рабо́та. Я сде́лаю её бы́стро. *This is an easy job. I'll do it quickly.* (antonym: тру́дный)
⚠ Pronounced: /лёхкий/.

M.	лёгкий	NT.	лёгкое
F.	лёгкая	PL.	лёгкие

лежа́ть IMPERFECTIVE VERB
lie Почему́ ты лежи́шь на земле́? *Why are you lying on the ground?*

PRES.	я лежу́	мы лежи́м
	ты лежи́шь	вы лежи́те
	он лежи́т	они́ лежа́т
PAST	M. лежа́л	NT. лежа́ло
	F. лежа́ла	PL. лежа́ли

ле́ксика NOUN
(grammar) **vocabulary**

ле́кция NOUN
lecture Мне понра́вилась ле́кция по исто́рии. А тебе́? *I liked the lecture on history. And you?*

	SING.	PL.
NOM.	ле́кция	ле́кции
GEN.	ле́кции	ле́кций
DAT.	ле́кции	ле́кциям
ACC.	ле́кцию	ле́кции
INSTR.	ле́кцией	ле́кциями
PREP.	ле́кции	ле́кциях

Ле́на NOUN
(woman's name) **Lena**
(nickname of Еле́на *Elena)*

ле́то NOUN
summer Ле́то – э́то моё люби́мое вре́мя го́да. *Summer is my favorite time of year.* (antonym: зима́)

	SING.	PL.
NOM.	ле́то	ле́та
GEN.	ле́та	лет
DAT.	ле́ту	ле́там
ACC.	ле́то	ле́та
INSTR.	ле́том	ле́тами
PREP.	ле́те	ле́тах

ле́том ADVERB
in the summer Ле́том здесь не

о́чень жа́рко. *It's not very hot in the summer here.* (antonym: зимо́й)

Лёша NOUN

(*man's name*) **Lyosha** (*nickname of* **Алексе́й** Alexei)

Ли́вия NOUN

(*geography*) **Libya** Вы ви́дите Ли́вию на ка́рте? *Can you see Libya on the map?*

NOM.	Ли́вия	ACC.	Ли́вию
GEN.	Ли́вии	INSTR.	Ли́вией
DAT.	Ли́вии	PREP.	Ли́вии

лингви́стика NOUN

(*grammar*) **linguistics**

литерату́ра NOUN

literature Кака́я литерату́ра вам нра́вится? *What kind of literature do you like?*

	SING.	PL.
NOM.	литерату́ра	литерату́ры
GEN.	литерату́ры	литерату́р
DAT.	литерату́ре	литерату́рам
ACC.	литерату́ру	литерату́ры
INSTR.	литерату́рой	литерату́рами
PREP.	литерату́ре	литерату́рах

лицо́ NOUN

face Тебе́ нра́вится её лицо́? *Do you like her face?*

	SING.	PL.
NOM.	лицо́	ли́ца
GEN.	лица́	лиц
DAT.	лицу́	ли́цам
ACC.	лицо́	ли́ца
INSTR.	лицо́м	ли́цами
PREP.	лице́	ли́цах

ли́чное местоиме́ние NOUN

(*grammar*) **personal pronoun**

ло́жка NOUN

spoon Мне нужна́ ло́жка для су́па. *I need a spoon for the soup.*

	SING.	PL.
NOM.	ло́жка	ло́жки
GEN.	ло́жки	ло́жек
DAT.	ло́жке	ло́жкам
ACC.	ло́жку	ло́жки
INSTR.	ло́жкой	ло́жками
PREP.	ло́жке	ло́жках

Лю́ба NOUN

(*woman's name*) **Lyuba** (*nickname of* **Любо́вь** Lyubov)

люби́мый ADJECTIVE

favorite У тебя́ есть люби́мый худо́жник? *Do you have a favorite artist?*

M.	люби́мый	NT.	люби́мое
F.	люби́мая	PL.	люби́мые

люби́ть IMPERFECTIVE VERB

❶ **like** (*something*) Я люблю́ ко́фе, а ты? *I like coffee. Do you?*
❷ **love** (*someone*) Я о́чень люблю́ сестру́. *I love my sister very much.*
(*perfective verb:* полюби́ть)

Любо́вь[1] SINGULAR NOUN, FEMININE

love У них была́ больша́я любо́вь. *They had a great love.*

Любо́вь[2] NOUN

(*woman's name*) **Lyubov** (*nickname:* **Лю́ба** Lyuba)

Лю́да NOUN

(*woman's name*) **Luda** (*nickname of* **Людми́ла** Lyudmila)

лю́ди PLURAL NOUN

people Лю́ди уста́ли и хотя́т отдыха́ть. *The people are tired and want to rest.* (*compare:* челове́к)

NOM.	лю́ди	ACC.	люде́й
GEN.	люде́й	INSTR.	людьми́
DAT.	лю́дям	PREP.	лю́дях

Людми́ла NOUN
(woman's name) **Lyudmila**
(nicknames: **Лю́да** Lyuda, **Лю́ся** Lucia, **Ми́ла** Mila)

Лю́ся NOUN
(woman's name) **Lucia**
(nickname of **Людми́ла** Lyudmila)

М м   М м   *Мм*

магази́н NOUN
store, **shop** Мари́я была́ в магази́не? Что она́ купи́ла? *Was Maria at the store? What did she buy?*
⚠ False friend: Магази́н does not mean *magazine!*

	SING.	PL.
NOM.	магази́н	магази́ны
GEN.	магази́на	магази́нов
DAT.	магази́ну	магази́нам
ACC.	магази́н	магази́ны
INSTR.	магази́ном	магази́нами
PREP.	магази́не	магази́нах

магнитофо́н NOUN
tape recorder Э́то о́чень ста́рый магнитофо́н. *This is a very old tape recorder.*

	SING.	PL.
NOM.	магнитофо́н	...фо́ны
GEN.	магнитофо́на	...фо́нов
DAT.	магнитофо́ну	...фо́нам
ACC.	магнитофо́н	...фо́ны
INSTR.	магнитофо́ном	...фо́нами
PREP.	магнитофо́не	...фо́нах

май NOUN
May У тебя́ экза́мены в ма́е? *Do you have exams in May?*

	SING.	PL.
NOM.	май	ма́и
GEN.	ма́я	ма́ев
DAT.	ма́ю	ма́ям
ACC.	май	ма́и
INSTR.	ма́ем	ма́ями
PREP.	ма́е	ма́ях

Макс NOUN
(man's name) **Max** *(nickname of* **Макси́м** Maxim*)*

Макси́м NOUN
(man's name) **Maxim** *(nickname:* **Макс** Max*)*

ма́ленький ADJECTIVE
little, **small** Их де́ти ещё ма́ленькие. *Their children are still small.* *(antonym:* большо́й*)*

M.	ма́ленький	NT.	ма́ленькое
F.	ма́ленькая	PL.	ма́ленькие

ма́ло ADVERB
(+ genitive case) **few**, **not many** У Оле́га ма́ло друзе́й. *Oleg has few friends.* *(antonym:* мно́го*)*

ма́льчик NOUN
boy Ма́льчики лю́бят игра́ть в па́рке. *The boys like to play in the park.* *(antonym:* де́вочка*)*

	SING.	PL.
NOM.	ма́льчик	ма́льчики
GEN.	ма́льчика	ма́льчиков
DAT.	ма́льчику	ма́льчикам
ACC.	ма́льчика	ма́льчиков
INSTR.	ма́льчиком	ма́льчиками
PREP.	ма́льчике	ма́льчиках

ма́ма NOUN
mom Ма́ма всегда́ ду́мает о нас. *Mom always thinks of us.* *(synonym:* мать, *antonym:* па́па*)*

	SING.	PL.
NOM.	ма́ма	ма́мы
GEN.	ма́мы	мам
DAT.	ма́ме	ма́мам
ACC.	ма́му	мам
INSTR.	ма́мой	ма́мами
PREP.	ма́ме	ма́мах

Мари́на NOUN
(woman's name) **Marina**

Мари́я NOUN
(woman's name) **Maria**
(nicknames: **Ма́ша** Masha, **Мару́ся** Maroussia)

ма́рка NOUN
(postage) stamp На конве́рте есть ма́рки? *Are there stamps on the envelope?*

	SING.	PL.
NOM.	ма́рка	ма́рки
GEN.	ма́рки	ма́рок
DAT.	ма́рке	ма́ркам
ACC.	ма́рку	ма́рки
INSTR.	ма́ркой	ма́рками
PREP.	ма́рке	ма́рках

март NOUN
March В ма́рте мы пое́дем в А́нглию. *In March, we will go to England.*

	SING.	PL.
NOM.	март	ма́рты
GEN.	ма́рта	ма́ртов
DAT.	ма́рту	ма́ртам
ACC.	март	ма́рты
INSTR.	ма́ртом	ма́ртами
PREP.	ма́рте	ма́ртах

Мару́ся NOUN
(woman's name) **Maroussia** (nickname of **Мари́я** Maria)

ма́сло NOUN
❶ **butter** Я ду́маю, что все лю́бят хлеб с ма́слом. *I think everyone likes bread with butter.*
❷ **oil** Вы гото́вите сала́т без ма́сла? *Are you preparing salad without oil?*

	SING.	PL.
NOM.	ма́сло	масла́
GEN.	ма́сла	ма́сел
DAT.	ма́слу	масла́м
ACC.	ма́сло	масла́
INSTR.	ма́слом	масла́ми
PREP.	ма́сле	масла́х

матема́тик NOUN
mathematician Дя́дя Лари́сы – изве́стный матема́тик. *Larisa's uncle is a famous mathematician.*

	SING.	PL.
NOM.	матема́тик	матема́тики
GEN.	матема́тика	матема́тиков
DAT.	матема́тику	матема́тикам
ACC.	матема́тика	матема́тиков
INSTR.	матема́тиком	матема́тиками
PREP.	матема́тике	матема́тиках

матема́тика SINGULAR NOUN
math(ematics) Мы не изуча́ем матема́тику в университе́те. *We don't study mathematics at university.*

NOM.	матема́тика	ACC.	матема́тику
GEN.	матема́тики	INSTR.	матема́тикой
DAT.	матема́тике	PREP.	матема́тике

мать NOUN, FEMININE
mother Ва́ша мать живёт в Испа́нии? *Does your mother live in Spain?* (synonym: ма́ма, antonym: оте́ц)

	SING.	PL.
NOM.	мать	ма́тери
GEN.	ма́тери	матере́й
DAT.	ма́тери	матеря́м
ACC.	мать	матере́й
INSTR.	ма́терью	матеря́ми
PREP.	ма́тери	матеря́х

Ма́ша NOUN
(woman's name) **Masha** (nickname of **Мари́я** Maria)

маши́на NOUN
car Когда́ вы ку́пите маши́ну? *When will you buy a car?*

	SING.	PL.
NOM.	маши́на	маши́ны
GEN.	маши́ны	маши́н
DAT.	маши́не	маши́нам
ACC.	маши́ну	маши́ны
INSTR.	маши́ной	маши́нами

PREP.	маши́не	маши́нах	

медици́на SINGULAR NOUN

medicine, **medical treatment** У вас в стране́ хоро́шая медици́на? *Do you have good medical treatment in your country?*

NOM.	медици́на	ACC.	медици́ну
GEN.	медици́ны	INSTR.	медици́ной
DAT.	медици́не	PREP.	медици́не

ме́дленно ADVERB

slowly Говори́те ме́дленно, пожа́луйста. *Speak slowly, please.* (*antonym:* бы́стро)

Ме́ксика NOUN

(geography) **Mexico** Каки́е города́ Ме́ксики вы зна́ете? *Which cities in Mexico do you know?*

NOM.	Ме́ксика	ACC.	Ме́ксику
GEN.	Ме́ксики	INSTR.	Ме́ксикой
DAT.	Ме́ксике	PREP.	Ме́ксике

ме́неджер NOUN

manager Вы уже́ позвони́ли ме́неджеру? *Have you already called the manager?*

⚠ Ме́неджер, like most words denoting occupations, is masculine but can be used for either a man or a woman.

	SING.	PL.
NOM.	ме́неджер	ме́неджеры
GEN.	ме́неджера	ме́неджеров
DAT.	ме́неджеру	ме́неджерам
ACC.	ме́неджера	ме́неджеров
INSTR.	ме́неджером	ме́неджерами
PREP.	ме́неджере	ме́неджерах

меня́ PRONOUN, GENITIVE CASE, ACCUSATIVE CASE

❶ GENITIVE CASE **me** У меня́ мно́го друзе́й. *I have a lot of friends.*
❷ ACCUSATIVE CASE **me** Вы слу́шаете меня́? *Are you listening to me?* (*see also:* я)

ме́сто NOUN

place Мы не зна́ем э́то ме́сто. *We do not know this place.*

	SING.	PL.
NOM.	ме́сто	места́
GEN.	ме́ста	мест
DAT.	ме́сту	места́м
ACC.	ме́сто	места́
INSTR.	ме́стом	места́ми
PREP.	ме́сте	места́х

местоиме́ние NOUN

(grammar) **pronoun**

ме́сяц NOUN

month Я хожу́ в бассе́йн три ра́за в ме́сяц. *I go to the pool three times a month.*

	SING.	PL.
NOM.	ме́сяц	ме́сяцы
GEN.	ме́сяца	ме́сяцев
DAT.	ме́сяцу	ме́сяцам
ACC.	ме́сяц	ме́сяцы
INSTR.	ме́сяцем	ме́сяцами
PREP.	ме́сяце	ме́сяцах

метр NOUN

meter Оди́н киломе́тр – э́то ты́сяча ме́тров. *One kilometer is one thousand meters.*

	SING.	PL.
NOM.	метр	ме́тры
GEN.	ме́тра	ме́тров
DAT.	ме́тру	ме́трам
ACC.	метр	ме́тры
INSTR.	ме́тром	ме́трами
PREP.	ме́тре	ме́трах

метро́ INDECLINABLE NOUN

subway Вы ча́сто е́здите на метро́? *Do you often take the subway?*

⚠ Метро́ is indeclinable. It does not change form for case or number.

	SING./PL.		SING./PL.
NOM.	метро́	ACC.	метро́
GEN.	метро́	INSTR.	метро́
DAT.	метро́	PREP.	метро́

мечта́ть IMPERFECTIVE VERB

dream Я мечта́ю о до́ме у мо́ря. *I dream of a house by the sea.*

PRES.	я мечта́ю	мы мечта́ем
	ты мечта́ешь	вы мечта́ете
	он мечта́ет	они́ мечта́ют
PAST	M. мечта́л	NT. мечта́ло
	F. мечта́ла	PL. мечта́ли

Ми́ла NOUN

(woman's name) **Mila** *(nickname of* Людми́ла *Lyudmila)*

мину́та NOUN

minute Сейча́с три часа́ два́дцать пять мину́т. *It's three twenty-five.*

	SING.	PL.
NOM.	мину́та	мину́ты
GEN.	мину́ты	мину́т
DAT.	мину́те	мину́там
ACC.	мину́ту	мину́ты
INSTR.	мину́той	мину́тами
PREP.	мину́те	мину́тах

мину́точка NOUN

moment, minute Мину́точку! *Just a moment!*

⚠ Here, **Мину́точку!** is in the accusative case because the verb **ждать** *(to wait)* is implied: **Подожди́те мину́точку.** *Wait a moment!*

мир SINGULAR NOUN

world В ми́ре о́чень мно́го языко́в. *There are so many languages in the world.*

NOM.	мир	ACC.	мир
GEN.	ми́ра	INSTR.	ми́ром
DAT.	ми́ру	PREP.	ми́ре

Ми́тя NOUN

(man's name) **Mitya** *(nickname of* Дми́трий *Dmitriy)*

Михаи́л NOUN

(man's name) **Michael** *(nickname:* Ми́ша *Misha)*

Ми́ша NOUN

(man's name) **Misha** *(nickname of* Михаи́л *Michael)*

мла́дший ADJECTIVE

younger, youngest У меня́ есть мла́дшая сестра́. *I have a younger sister. (antonym:* ста́рший*)*

| M. | мла́дший | NT. | мла́дшее |
| F. | мла́дшая | PL. | мла́дшие |

мне PRONOUN, DATIVE CASE, PREPOSITIONAL CASE

❶ DATIVE CASE **(to) me** Позвони́ мне в во́семь ве́чера, хорошо́? *Call me at 8 p.m., okay?*

❷ PREPOSITIONAL CASE **me обо мне about me** В газе́те есть статья́ обо мне. *There is an article about me in the newspaper (see also:* я*)*

мно́го ADVERB

(+ genitive case) **a lot (of), much, many** Извини́те, у меня́ мно́го рабо́ты. *Sorry, I have a lot of work. (antonym:* ма́ло*)*

мно́жественное число́ NOUN

(grammar) **plural**

мной PRONOUN, INSTRUMENTAL CASE

me со мной with me Вы бу́дете танцева́ть со мной? *Will you dance with me? (see also:* я*)*

мо́жет быть PARENTHETICAL WORD

maybe Мо́жет быть, ты прав. *Maybe you're right.*

мо́жно PREDICATIVE ADJECTIVE

❶ *(possibility)* **can**, **could** Сего́дня хоро́шая пого́да – мо́жно игра́ть в футбо́л. *The weather is nice today. We can play soccer.* (*antonym:* нельзя́)
❷ *(permission)* **can**, **may** Мо́жно спроси́ть? *May I ask something?* (*antonym:* нельзя́)

мой PRONOUN, POSSESSIVE

my Где мой ключи́? *Where are my keys?*

| M. | мой | NT. | моё | F. | моя́ | PL. | мои́ |

молодо́й ADJECTIVE

young Э́тот молодо́й челове́к прие́хал из Брази́лии. *This young man came from Brazil.*

| M. | молодо́й | NT. | молодо́е |
| F. | молода́я | PL. | молоды́е |

молоко́ SINGULAR NOUN

milk Мне нельзя́ пить молоко́. *I cannot drink milk.*

NOM.	молоко́	ACC.	молоко́
GEN.	молока́	INSTR.	молоко́м
DAT.	молоку́	PREP.	молоке́

мо́ре NOUN

sea Чёрное мо́ре холо́дное? *Is the Black Sea cold?*

	SING.	PL.
NOM.	мо́ре	моря́
GEN.	мо́ря	море́й
DAT.	мо́рю	моря́м
ACC.	мо́ре	моря́
INSTR.	мо́рем	моря́ми
PREP.	мо́ре	моря́х

моро́женое NOUN

ice cream Я не ем моро́женое зимо́й. *I do not eat ice cream in the winter.*

	SING.	PL.
NOM.	моро́женое	моро́женые
GEN.	моро́женого	моро́женых
DAT.	моро́женому	моро́женым
ACC.	моро́женое	моро́женые
INSTR.	моро́женым	моро́жеными
PREP.	моро́женом	моро́женых

Москва́ NOUN

(geography) **Moscow** Москва́ – э́то столи́ца Росси́и. *Moscow is the capital of Russia.*

NOM.	Москва́	ACC.	Москву́
GEN.	Москвы́	INSTR.	Москво́й
DAT.	Москве́	PREP.	Москве́

москви́ч NOUN

Muscovite Мои́ роди́тели москвичи́, а я нет. *My parents are Muscovites, but I'm not.*

	SING.	PL.
NOM.	москви́ч	москвичи́
GEN.	москвича́	москвиче́й
DAT.	москвичу́	москвича́м
ACC.	москвича́	москвиче́й
INSTR.	москвичо́м	москвича́ми
PREP.	москвиче́	москвича́х

москви́чка NOUN

(female) **Muscovite** Ты не зна́ешь, Алекса́ндра москви́чка? *Do you happen to know if Alexandra is from Moscow?*

	SING.	PL.
NOM.	москви́чка	москви́чки
GEN.	москви́чки	москви́чек
DAT.	москви́чке	москви́чкам
ACC.	москви́чку	москви́чек
INSTR.	москви́чкой	москви́чками
PREP.	москви́чке	москви́чках

моско́вский ADJECTIVE

Moscow-, **of Moscow** Моско́вские магази́ны о́чень дороги́е. *Moscow shops are very expensive.*

| M. | моско́вский | NT. | моско́вское |
| F. | моско́вская | PL. | моско́вские |

мочь IMPERFECTIVE VERB

❶ *(pres. tense)* **can**, **is able to** Ты мо́жешь позвони́ть мне в де́вять? *Can you call me at nine?*
❷ *(past tense)* **could**, **was able to** Почему́ ты не мог позвони́ть мне? *Why couldn't you call me?*
(perfective verb: смочь*)*

PRES.	я могу́		мы мо́жем
	ты мо́жешь		вы мо́жете
	он мо́жет		они́ мо́гут
PAST	M. мог	NT.	могло́
	F. могла́	PL.	могли́

муж NOUN

husband Как зову́т му́жа Светла́ны? *What is Svetlana's husband's name?* (antonym: жена́)

	SING.	PL.
NOM.	муж	мужья́
GEN.	му́жа	муже́й
DAT.	му́жу	мужья́м
ACC.	му́жа	муже́й
INSTR.	му́жем	мужья́ми
PREP.	му́же	мужья́х

мужско́й ADJECTIVE

masculine, **male**, **man's** Где мы мо́жем купи́ть мужско́й костю́м? *Where can we buy a man's suit?* (antonym: же́нский)

M.	мужско́й	NT.	мужско́е
F.	мужска́я	PL.	мужски́е

мужско́й род NOUN

(grammar) **masculine gender**

мужчи́на NOUN, MASCULINE

man Э́тот мужчи́на из Еги́пта. *This man is from Egypt.* (antonym: же́нщина)

	SING.	PL.
NOM.	мужчи́на	мужчи́ны
GEN.	мужчи́ны	мужчи́н
DAT.	мужчи́не	мужчи́нам
ACC.	мужчи́ну	мужчи́н
INSTR.	мужчи́ной	мужчи́нами
PREP.	мужчи́не	мужчи́нах

музе́й NOUN

museum Мы лю́бим ходи́ть в музе́й иску́сств. *We love to go to the art museum.*

	SING.	PL.
NOM.	музе́й	музе́и
GEN.	музе́я	музе́ев
DAT.	музе́ю	музе́ям
ACC.	музе́й	музе́и
INSTR.	музе́ем	музе́ями
PREP.	музе́е	музе́ях

му́зыка SINGULAR NOUN

music Кака́я му́зыка тебе́ нра́вится? *What kind of music do you like?*

NOM.	му́зыка	ACC.	му́зыку
GEN.	му́зыки	INSTR.	му́зыкой
DAT.	му́зыке	PREP.	му́зыке

мы PRONOUN, NOMINATIVE CASE

❶ **we** Мы уже́ око́нчили университе́т. *We have already graduated from university.*
❷ **we are** Мы студе́нты. *We are students.*

мя́гкий согла́сный звук NOUN

(grammar) **soft consonant**

мя́со SINGULAR NOUN

meat Почему́ вы не еди́те мя́со? *Why don't you eat meat?*

NOM.	мя́со	ACC.	мя́со
GEN.	мя́са	INSTR.	мя́сом
DAT.	мя́су	PREP.	мя́се

Нн *Нн*

на PREPOSITION
❶ *(+ prepositional case)* **on** Твой книги на столе. *Your books are on the table.*
❷ *(+ prepositional case)* **at** Вы были на концерте вчера? *Were you at the concert last night?*
❸ *(+ prepositional case)* **by** Вы всегда ездите на машине? *Do you always go by car?*
❹ *(+ accusative case)* **to** Конечно, мы ходим на работу каждый день. *Of course, we go to work every day.* (antonym: с)
❺ *(verb of motion + на + accusative case)* **for** Я приехал в Россию на две недели. *I came to Russia for two weeks.*

надо ADVERB
(+ infinitive verb) **must** Вам надо пойти к врачу. *You need to go to the doctor.* (*see also:* нужно)

назад ADVERB
❶ **back**, **backward** Я не хочу ехать назад – уже так поздно. *I do not want to go back. It's so late.*
❷ **ago** Михаил приехал в Москву пять лет назад. *Michael came to Moscow five years ago.*

называться IMPERFECTIVE VERB
be called, **be named** Как называется этот город? *What's the name of this city?* ⚠ This verb is only used for inanimate objects. (*compare:* звать)

PRES.	я называюсь	мы ...ваемся
	ты называешься	вы ...ваетесь
	он называется	они ...ваются
PAST	M. назывался	NT. называлось
	F. называлась	PL. назывались

нам PRONOUN, DATIVE CASE
(to) us Нам нравится новая школа. *We like the new school.* Родители подарили нам телевизор. *Our parents gave us a TV.* (*see also:* мы)

нами PRONOUN, INSTRUMENTAL CASE
us **с нами with us** Папа любит играть с нами. *Dad loves to play with us.* (*see also:* мы)

написать PERFECTIVE VERB
write Вы должны написать письмо менеджеру. *You must write a letter to the manager.* (*imperfective verb:* писать) ⚠ Be careful here. The wrong stressed syllable can change the meaning of the word to mean *to pee*.

FUT.	я напишу	мы напишем
	ты напишешь	вы напишете
	он напишет	они напишут
PAST	M. написал	NT. написало
	F. написала	PL. написали

например PARENTHETICAL WORD
for example, **for instance** Я очень люблю отдыхать в Азии, например, в Таиланде. *I love to vacation in Asia, for example, in Thailand.*

наре́чие NOUN
(grammar) **adverb**

нарисова́ть PERFECTIVE VERB
draw, **paint** Кто э́то нарисова́л? *Who drew this?* (imperfective verb: рисова́ть)

FUT.	я нарису́ю	мы нарису́ем
	ты нарису́ешь	вы нарису́ете
	он нарису́ет	они́ нарису́ют
PAST	M. нарисова́л	NT. нарисова́ло
	F. нарисова́ла	PL. нарисова́ли

наро́д NOUN
people, **folk** Тепе́рь вы хорошо́ понима́ете ру́сский наро́д. *Now you understand the Russian people better.*

	SING.	PL.
NOM.	наро́д	наро́ды
GEN.	наро́да	наро́дов
DAT.	наро́ду	наро́дам
ACC.	наро́д	наро́ды
INSTR.	наро́дом	наро́дами
PREP.	наро́де	наро́дах

наро́дный ADJECTIVE
people's, **folk**, **popular**, **national** Вам нра́вится э́та ру́сская наро́дная пе́сня? *Do you like this Russian folk song?*

M.	наро́дный	NT. наро́дное
F.	наро́дная	PL. наро́дные

нас PRONOUN, GENITIVE CASE, ACCUSATIVE CASE, PREPOSITIONAL CASE

❶ GENITIVE CASE **us** У нас нет биле́тов. *We don't have any tickets.*

❷ ACCUSATIVE CASE **us** Вы по́мните нас? *Do you remember us?*

❸ PREPOSITIONAL CASE **us** Что вам сказа́ли о нас? *What did they tell you about us?* (see also: мы)

настоя́щее вре́мя NOUN
(grammar) **present tense**

Ната́лия NOUN
(woman's name) **Natalia** (nickname: **Ната́ша** Natasha)

Ната́лья NOUN
(woman's name) **Natalia** (nickname: **Ната́ша** Natasha) (compare: Ната́лия)

Ната́ша NOUN
(woman's name) **Natasha** (nickname of **Ната́лия** Natalia, **Ната́лья** Natalia)

нау́ка NOUN
science Я не могу́ жить без нау́ки. *I cannot live without science.*

	SING.	PL.
NOM.	нау́ка	нау́ки
GEN.	нау́ки	нау́к
DAT.	нау́ке	нау́кам
ACC.	нау́ку	нау́ки
INSTR.	нау́кой	нау́ками
PREP.	нау́ке	нау́ках

нау́чный ADJECTIVE
scientific У вас в го́роде есть нау́чный институ́т? *Do you have a scientific institution in your city?*

M.	нау́чный	NT. нау́чное
F.	нау́чная	PL. нау́чные

находи́ться IMPERFECTIVE VERB
be found, **be located** Где нахо́дится ваш университе́т? *Where is your university?*

PRES.	я нахожу́сь	мы нахо́димся
	ты нахо́дишься	вы нахо́дитесь
	он нахо́дится	они́ нахо́дятся
PAST	M. находи́лся	NT. находи́лось
	F. находи́лась	PL. находи́лись

национа́льный ADJECTIVE
national Вы ви́дели ру́сский национа́льный костю́м? *Have you seen the Russian national costume?*

M. национа́льный NT. национа́льное
F. национа́льная PL. национа́льные

нача́ть PERFECTIVE VERB

begin, **start** Когда́ вы на́чали изуча́ть ру́сский язы́к? *When did you begin learning Russian?* (*antonym:* зако́нчить) (*imperfective verb:* начина́ть)

FUT.
я начну́	мы начнём
ты начнёшь	вы начнёте
он начнёт	они́ начну́т

PAST
| M. на́чал | NT. на́чало |
| F. начала́ | PL. на́чали |

начина́ть IMPERFECTIVE VERB

(+ *imperfective verb*) **begin**, **start** Я всегда́ начина́ю рабо́тать ра́но. *I always start work early.* (*perfective verb:* нача́ть)

PRES.
я начина́ю	мы начина́ем
ты начина́ешь	вы начина́ете
он начина́ет	они́ начина́ют

PAST
| M. начина́л | NT. начина́ло |
| F. начина́ла | PL. начина́ли |

наш PRONOUN, POSSESSIVE

our Вы получи́ли наш отве́т? *Did you get our answer?*

M. наш NT. на́ше F. на́ша PL. на́ши

не PARTICLE

not Я не говорю́ по-англи́йски. *I do not speak English.* **не то́лько …, но и …** **not only…, but also…** Он говори́т не то́лько по-ру́сски, но и по-англи́йски и по-францу́зски. *He speaks not only Russian but also English and French.*

него́ PRONOUN (*see:* его́)

неда́вно ADVERB

recently, **not long ago** Неда́вно мы купи́ли кварти́ру. *We recently bought an apartment.*

далеко́ ADVERB

near, **close by**, **not far** – Москва́ далеко́ от вас? – Нет, недалеко́. *Is Moscow far from you? – No, not far.* **недалеко́ от** PREPOSITION (+ *genitive case*) **near**, **close to**, **not far from** Ири́на живёт недалеко́ от нас. *Irina lives near us.* (*synonym:* бли́зко)

неё PRONOUN (*see:* её)

ней PRONOUN (*see:* ей)

нельзя́ ADVERB

❶ **is not allowed**, **must not**, **cannot** Здесь нельзя́ фотографи́ровать. *You cannot take photographs here.* (*antonym:* мо́жно)

❷ **is impossible**, **cannot** Нельзя́ вы́учить ру́сский язы́к без грамма́тики. *You can't learn Russian without grammar.* (*antonym:* мо́жно)

нём PRONOUN, PREPOSITIONAL CASE

❶ MASCULINE **him** Что лю́ди говоря́т о нём? *What do people say about him?* (*see also:* он)

❷ NEUTER **it** Я купи́л дом. В нём есть всё, что нам ну́жно. *I bought a house. It has everything we need in it.* (*see also:* оно́)

не́мец NOUN

German Вчера́ в гости́ницу прие́хала гру́ппа не́мцев. *Yesterday a group of Germans came to the hotel.*

	SING.	PL.
NOM.	не́мец	не́мцы
GEN.	не́мца	не́мцев
DAT.	не́мцу	не́мцам

ACC.	не́мца	не́мцев
INSTR.	не́мцем	не́мцами
PREP.	не́мце	не́мцах

неме́цкий ADJECTIVE

German Ты зна́ешь, что э́то неме́цкая маши́на? *Do you know that it's a German car?* (*see note:* америка́нский)

M.	неме́цкий	NT.	неме́цкое
F.	неме́цкая	PL.	неме́цкие

не́мка NOUN

German А́нна – не́мка, но живёт в А́встрии. *Anna is German, but she lives in Austria.*

	SING.	PL.
NOM.	не́мка	не́мки
GEN.	не́мки	не́мок
DAT.	не́мке	не́мкам
ACC.	не́мку	не́мок
INSTR.	не́мкой	не́мками
PREP.	не́мке	не́мках

непереходный глаго́л NOUN

(grammar) **intransitive verb**

не́сколько PRONOUN

(+ genitive plural) **several**, **some** У нас есть не́сколько я́блок. Вы хоти́те? *We've got some apples. Do you want one?*

несоверше́нный вид (глаго́ла) NOUN

(grammar) **imperfective aspect (of a verb)**

⚠ The common abbreviation is НСВ.

нет PARTICLE

❶ **no** – Вы говори́те по-неме́цки? – Нет, не говорю́. *Do you speak German? – No, I don't.*

❷ *(+ genitive case)* **(there is) no**, **not any** Здесь нет воды́. *There is no water here.* (*antonym:* есть)

никогда́ ADVERB

never Я никогда́ не был в Австра́лии. *I've never been to Australia.* (*antonym:* всегда́)

⚠ Notice the double negation. With a negative adverb, you still need the negative particle не. (*see also:* никто́, ничего́, ничто́)

Никола́й NOUN

(man's name) **Nicholas** *(nickname:* **Ко́ля** Kolya*)*

никто́ PRONOUN

no one, **nobody** Никто́ не зна́ет, где Дми́трий. *No one knows where Dmitry is.*

никуда́ ADVERB

nowhere Они́ не хотя́т никуда́ идти́. *They do not want to go anywhere.*

ним PRONOUN (*see:* им)

ни́ми PRONOUN (*see:* и́ми)

Ни́на NOUN

(woman's name) **Nina**

них PRONOUN

❶ PREPOSITIONAL CASE **them** Я написа́л статью́ о них. *I wrote an article about them.* (*see also:* они́)

❷ GENITIVE CASE, ACCUSATIVE CASE *(following preposition)* **them** (*see:* их)

ничего́ PRONOUN, GENITIVE CASE, ACCUSATIVE CASE

❶ **nothing** Мы ничего́ не зна́ем об Аме́рике. *We don't know anything about America.*

❷ **never mind**, **it's okay** Ничего́, не беспоко́йтесь! *Never mind, don't worry!*

ничто́ PRONOUN, NOMINATIVE CASE

nothing Ничто́ не реши́т

проблéму с вúзой. *Nothing will solve the problem with the visa.*

но CONJUNCTION

but У них мáленький дом, но óчень красúвый. *They have a small, but very beautiful, house.*

нóвость NOUN, FEMININE

news О! Отлúчная нóвость! *Oh! That's great news!* Вы смотрéли нóвости сегóдня? *Have you watched the news today?*

	SING.	PL.
NOM.	нóвость	нóвости
GEN.	нóвости	новостéй
DAT.	нóвости	новостя́м
ACC.	нóвость	нóвости
INSTR.	нóвостью	новостя́ми
PREP.	нóвости	новостя́х

нóвый ADJECTIVE

new Смотрúте, э́то моя́ нóвая шкóла. *Look, this is my new school.* (antonym: стáрый)

M.	нóвый	NT.	нóвое
F.	нóвая	PL.	нóвые

ногá NOUN

❶ **leg** У человéка две рукú и две ногú. *A person has two arms and two legs.*

❷ **foot** У негó большúе нóги. *He has big feet.*

	SING.	PL.
NOM.	ногá	нóги
GEN.	ногú	ног
DAT.	ногé	ногáм
ACC.	нóгу	нóги
INSTR.	ногóй	ногáми
PREP.	ногé	ногáх

нож NOUN

knife У нас нет ножá. *We do not have a knife.*

	SING.	PL.
NOM.	нож	ножú
GEN.	ножá	ножéй
DAT.	ножý	ножáм
ACC.	нож	ножú
INSTR.	ножóм	ножáми
PREP.	ножé	ножáх

нóмер NOUN

❶ **number** Какóй у вас нóмер телефóна? *What's your phone number?*

❷ **hotel room** Наш нóмер слéва от вхóда. *Our hotel room is to the left of the (main) entrance.*

	SING.	PL.
NOM.	нóмер	номерá
GEN.	нóмера	номерóв
DAT.	нóмеру	номерáм
ACC.	нóмер	номерá
INSTR.	нóмером	номерáми
PREP.	нóмере	номерáх

Норвéгия NOUN

(geography) **Norway** В Норвéгии красúвая прирóда. *In Norway, nature is beautiful.*

NOM.	Норвéгия	ACC.	Норвéгию
GEN.	Норвéгии	INSTR.	Норвéгией
DAT.	Норвéгии	PREP.	Норвéгии

нормáльно ADVERB

❶ **normally** – Не говорú так бы́стро, пожáлуйста. – Но я говорю́ нормáльно! *Don't speak so quickly, please. – But I'm speaking normally!*

❷ **fine** – Как делá? – Нормáльно, спасúбо. *How are you? – Fine, thanks.*

нóчи ADVERB

a.m., in the morning Что ты дéлаешь там в два часá нóчи? *What are you doing there at two in the morning?*

⚠ Но́чи is used for 12 a.m. - 4 a.m. (compare: утра́, дня, ве́чера)

ночь NOUN, FEMININE

night Сего́дня о́чень краси́вая ночь, да? *It's a very beautiful night tonight, isn't it?* (antonym: день)

	SING.	PL.
NOM.	ночь	но́чи
GEN.	но́чи	ноче́й
DAT.	но́чи	ноча́м
ACC.	ночь	но́чи
INSTR.	но́чью	ноча́ми
PREP.	но́чи	ноча́х

но́чью ADVERB

at night Мы прие́дем за́втра но́чью. *We will come tomorrow night.* (antonym: днём)

ноя́брь NOUN, MASCULINE

November В Брази́лии о́чень тепло́ в ноябре́. *In Brazil, it is very warm in November.*

	SING.	PL.
NOM.	ноя́брь	ноябри́
GEN.	ноября́	ноябре́й
DAT.	ноябрю́	ноября́м
ACC.	ноя́брь	ноябри́
INSTR.	ноябрём	ноября́ми
PREP.	ноябре́	ноября́х

нра́виться IMPERFECTIVE VERB

(dative case + нра́виться) **like** Вам нра́вятся э́ти цветы́? *Do you like these flowers?* Ты ей нра́вишься. *She likes you.* (perfective verb: понра́виться)

⚠ If you want to say *"I like..."*, in Russian, this is literally *"To me pleases..."*. What would be the subject in English is in the dative case in Russian. мне/тебе́/ему́/ей/нам/вам/им нра́вится (+ sg. nom. noun) or нра́вятся (+ pl. nom. noun) *I/you/he/she/we/you/they like ___*: Ему́ нра́вится ко́фе. *He likes coffee.* Ему́ нра́вятся э́ти карти́ны. *He likes these paintings.*

PRES.	я нра́влюсь		мы нра́вимся
	ты нра́вишься		вы нра́витесь
	он нра́вится		они́ нра́вятся
PAST	M. нра́вился	NT.	нра́вилось
	F. нра́вилась	PL.	нра́вились

ну́жен ADJECTIVE

(dative case + ну́жен) **necessary**, **needed** Вам ну́жен Интерне́т? *Do you need the Internet?* Нам не нужна́ но́вая оде́жда. *We do not need new clothes.*

⚠ If you want to say *"I need..."*, in Russian, this is literally *"To me necessary..."*. The form of ну́жен agrees with the gender and number of the following noun.

M.	ну́жен	NT.	ну́жно
F.	нужна́	PL.	нужны́

ну́жно PREDICATIVE ADJECTIVE

(+ infinitive verb) **necessary**, **needed** Извини́те, мне ну́жно идти́. *I'm sorry, I need to go.* (see also: на́до)

⚠ Мне ну́жно is literally *"to me is necessary to..."* but better translates as *"I need to..."*

Oo Oo *Oo*

о (об, обо) PREPOSITION
(*+ prepositional case*) **about** Мы мно́го говори́ли о тебе́ с роди́телями. *My parents and I talked about you a lot.* Мы говори́ли об Ита́лии. *We talked about Italy.* Они́ забы́ли обо мне. *They forgot about me.*
⚠ The form об is used before a vowel; обо before a consonant cluster.

об PREPOSITION (*see:* о)

обе́д NOUN
❶ **lunch** Во ско́лько у вас обе́д? *What time do you have lunch?*
❷ **по́сле обе́да afternoon** Мо́жет быть, ты придёшь по́сле обе́да? *Perhaps you'll come in the afternoon?*

	SING.	PL.
NOM.	обе́д	обе́ды
GEN.	обе́да	обе́дов
DAT.	обе́ду	обе́дам
ACC.	обе́д	обе́ды
INSTR.	обе́дом	обе́дами
PREP.	обе́де	обе́дах

обе́дать IMPERFECTIVE VERB
have lunch Я не бу́ду обе́дать сего́дня. У меня́ нет вре́мени. *I won't have lunch today. I don't have time.*
(*perfective verb:* пообе́дать)

PRES.	я обе́даю	мы обе́даем
	ты обе́даешь	вы обе́даете
	он обе́дает	они́ обе́дают
PAST	M. обе́дал	NT. обе́дало
	F. обе́дала	PL. обе́дали

обо PREPOSITION (*see:* о)

о́бувь SINGULAR NOUN, FEMININE
shoes, footwear Италья́нская о́бувь о́чень хоро́шая. *Italian shoes are very good.*
⚠ Remember that final consonants are unvoiced: /о́буфь/.

NOM.	о́бувь	ACC.	о́бувь
GEN.	о́буви	INSTR.	о́бувью
DAT.	о́буви	PREP.	о́буви

общежи́тие NOUN
dormitory Вы живёте в общежи́тии? *Do you live in a dormitory?*

	SING.	PL.
NOM.	общежи́тие	общежи́тия
GEN.	общежи́тия	общежи́тий
DAT.	общежи́тию	общежи́тиям
ACC.	общежи́тие	общежи́тия
INSTR.	общежи́тием	общежи́тиями
PREP.	общежи́тии	общежи́тиях

обы́чно ADVERB
usually Обы́чно мы обе́даем в двена́дцать часо́в дня. *We usually have lunch at noon.*

обяза́тельно ADVERB
definitely, without fail Мы обяза́тельно прие́дем к вам ещё раз. *We will definitely come over again.*

о́вощ NOUN
vegetable Она́ не лю́бит о́вощи. *She does not like vegetables.*

	SING.	PL.
NOM.	о́вощ	о́вощи
GEN.	о́воща	овоще́й
DAT.	о́вощу	овоща́м

ACC.	óвощ	óвощи
INSTR.	óвощем	овощáми
PREP.	óвоще	овощáх

одéжда SINGULAR NOUN

clothes Зачéм вы купи́ли так мно́го одéжды? *What did you buy so many clothes for?*

	SING.		
NOM.	одéжда	ACC.	одéжду
GEN.	одéжды	INSTR.	одéждой
DAT.	одéжде	PREP.	одéжде

оди́н NUMBER

one Мы отдыхáем на мóре оди́н раз в год. *We vacation by the sea once a year.*

оди́ннадцать NUMBER

eleven Когдá тебé бу́дет оди́ннадцать лет? *When will you be eleven years old?*

окнó NOUN

window Вы закры́ли все óкна? *Did you close all the windows?*

	SING.	PL.
NOM.	окнó	óкна
GEN.	окнá	óкон
DAT.	окну́	óкнам
ACC.	окнó	óкна
INSTR.	окнóм	óкнами
PREP.	окнé	óкнах

окончáние NOUN

(grammar) **ending**

окóнчить PERFECTIVE VERB

graduate (from) Я окóнчила университéт пять лет назáд. *I graduated from university five years ago.*
(imperfective verb: окáнчивать*)*

FUT.	я окóнчу	мы окóнчим
	ты окóнчишь	вы окóнчите
	он окóнчит	они́ окóнчат
PAST	M. окóнчил	NT. окóнчило
	F. окóнчила	PL. окóнчили

октя́брь NOUN, MASCULINE

October Моя́ мáма роди́лась в октябрé. *My mother was born in October.*

	SING.	PL.
NOM.	октя́брь	октябри́
GEN.	октября́	октябрéй
DAT.	октябрю́	октября́м
ACC.	октя́брь	октябри́
INSTR.	октябрём	октября́ми
PREP.	октябрé	октября́х

Олéг NOUN

(man's name) **Oleg**

Óльга NOUN

(woman's name) **Olga**
(nickname: **Óля** Olya*)*

Óля NOUN

(woman's name) **Olya**
(nickname of **Óльга** Olga*)*

он PRONOUN, NOMINATIVE CASE

❶ *(animate)* **he** Он говори́т по-ру́сски? *Does he speak Russian?* **он…** *he is…* Он врач. *He is a doctor.*

❷ *(inanimate)* **it** – Мы купи́ли дом в сентябрé. – Он дорогóй? *We bought a house in September. – Was it expensive?* **он…** *it is…* – Где стул? – Он здесь. *Where is the chair? – It's here.*

NOM.	он	ACC.	егó
GEN.	егó	INSTR.	им
DAT.	ему́	PREP.	нём

онá PRONOUN, NOMINATIVE CASE

❶ *(animate)* **she** Когдá онá пришлá? *When did she come?* **онá…** *she is…* Онá америкáнка. *She is American.*

❷ *(inanimate)* **it** – Скажи́те, пожáлуйста, где нахóдится библиотéка? – Онá нахóдится недалекó от музéя. *Excuse me,*

please. Where is the library? – It is not far from the museum.
она́... *it is...* Вы ви́дели маши́ну Влади́мира? Она́ больша́я? *Have you seen Vladimir's car? Is it big?*

NOM.	она́	ACC.	её
GEN.	её	INSTR.	ей
DAT.	ей	PREP.	ней

они́ PRONOUN, NOMINATIVE CASE

❶ *(animate)* **they** Мы не бу́дем ждать Светла́ну и И́горя. Они́ всегда́ опа́здывают! *We will not wait for Svetlana and Igor. They are always late!* **они́...** *they are...* Они́ ва́ши студе́нты. Вы должны́ знать, где они́. *They are your students. You should know where they are.*

❷ *(inanimate)* **they** – Э́то столы́ из Ита́лии? – Да, они́ стоя́т о́чень до́рого. *Are these chairs from Italy? – Yes, they are very expensive.* **они́...** *they are...* Тебе́ нра́вятся э́ти су́мки? – Да, они́ краси́вые. *Do you like these bags? – Yes, they are beautiful.*

NOM.	они́	ACC.	их
GEN.	их	INSTR.	и́ми
DAT.	им	PREP.	них

оно́ PRONOUN, NOMINATIVE CASE

(inanimate) **it** Како́е краси́вое пла́тье! Оно́ мне о́чень нра́вится! *What a beautiful dress! I really like it!* **оно́...** *it is...* – Посмотри́, како́е мо́ре! – Да, оно́ краси́вое. *Look at that sea! – Yes, it's beautiful.*

NOM.	оно́	ACC.	его́
GEN.	его́	INSTR.	им
DAT.	ему́	PREP.	нём

опа́здывать IMPERFECTIVE VERB

be late Евге́ний никогда́ не опа́здывает. *Eugene is never late.*
(*perfective verb:* опозда́ть)

PRES.	я опа́здываю	мы опа́здываем
	ты опа́здываешь	вы опа́здываете
	он опа́здывает	они́ опа́здывают
PAST	M. опа́здывал	
	F. опа́здывала	
	NT. опа́здывало	
	PL. опа́здывали	

о́пера NOUN

opera Вы ходи́ли в о́перу в Москве́? *Did you go to the opera in Moscow?*

	SING.	PL.
NOM.	о́пера	о́перы
GEN.	о́перы	о́пер
DAT.	о́пере	о́перам
ACC.	о́перу	о́перы
INSTR.	о́перой	о́перами
PREP.	о́пере	о́перах

опозда́ть PERFECTIVE VERB

be late Почему́ вы опозда́ли? *Why are you late?*
(*imperfective verb:* опа́здывать)

FUT.	я опозда́ю	мы опозда́ем
	ты опозда́ешь	вы опозда́ете
	он опозда́ет	они́ опозда́ют
PAST	M. опозда́л	NT. опозда́ло
	F. опозда́ла	PL. опозда́ли

о́сень NOUN, FEMININE

autumn, fall Ты лю́бишь о́сень? *Do you like autumn?*
(*antonym:* весна́)

	SING.	PL.
NOM.	о́сень	о́сени
GEN.	о́сени	осене́й
DAT.	о́сени	осеня́м

ACC.	о́сень	о́сени
INSTR.	о́сенью	о́сенями
PREP.	о́сени	о́сенях

о́сенью ADVERB

in the autumn, **in the fall** В Росси́и студе́нты начина́ют учи́ться о́сенью. *In Russia, students begin to study in the fall.* (*antonym:* весно́й)

остано́вка NOUN

(bus) stop Где нахо́дится остано́вка "О́пера"? *Where is the "Opera" (bus) stop?*

	SING.	PL.
NOM.	остано́вка	остано́вки
GEN.	остано́вки	остано́вок
DAT.	остано́вке	остано́вкам
ACC.	остано́вку	остано́вки
INSTR.	остано́вкой	остано́вками
PREP.	остано́вке	остано́вках

осторо́жно ADVERB

carefully, **gently**, **gingerly** Она́ осторо́жно спроси́ла меня́ об отце́. *She gently asked me about my father.*

отве́т NOUN

answer, **reply** У нас нет отве́та на э́тот вопро́с. *We do not have the answer to this question.* (*antonym:* вопро́с)

	SING.	PL.
NOM.	отве́т	отве́ты
GEN.	отве́та	отве́тов
DAT.	отве́ту	отве́там
ACC.	отве́т	отве́ты
INSTR.	отве́том	отве́тами
PREP.	отве́те	отве́тах

отве́тить PERFECTIVE VERB

answer, **reply** Я не могу́ отве́тить вам сейча́с. *I cannot answer you now.* (*imperfective verb:* отвеча́ть)

FUT.	я отве́чу		мы отве́тим	
	ты отве́тишь		вы отве́тите	
	он отве́тит		они́ отве́тят	
PAST	M. отве́тил		NT. отве́тило	
	F. отве́тила		PL. отве́тили	

отвеча́ть IMPERFECTIVE VERB

answer, **reply** Андре́й всегда́ отвеча́ет на уро́ках. *Andrew always answers in class.* (*antonym:* спра́шивать) (*perfective verb:* отве́тить)

PRES.	я отвеча́ю		мы отвеча́ем
	ты отвеча́ешь		вы отвеча́ете
	он отвеча́ет		они́ отвеча́ют
PAST	M. отвеча́л		NT. отвеча́ло
	F. отвеча́ла		PL. отвеча́ли

отдыха́ть IMPERFECTIVE VERB

❶ **relax**, **rest** В воскресе́нье я отдыха́л до́ма. *On Sunday, I relaxed at home.*
❷ **take a vacation** Ле́том мы отдыха́ли на мо́ре. *In the summer, we went to the sea on vacation.*
(*perfective verb:* отдохну́ть)

PRES.	я отдыха́ю		мы отдыха́ем
	ты отдыха́ешь		вы отдыха́ете
	он отдыха́ет		они́ отдыха́ют
PAST	M. отдыха́л		NT. отдыха́ло
	F. отдыха́ла		PL. отдыха́ли

оте́ц NOUN

father Ваш оте́ц инжене́р? *Is your father an engineer?* (*synonym:* па́па, *antonym:* мать)

	SING.	PL.
NOM.	оте́ц	отцы́
GEN.	отца́	отцо́в
DAT.	отцу́	отца́м
ACC.	отца́	отцо́в
INSTR.	отцо́м	отца́ми
PREP.	отце́	отца́х

открыва́ть IMPERFECTIVE VERB

open Я не бу́ду открыва́ть

окно́, потому́ что на у́лице
о́чень хо́лодно. *I will not open
the window because it is very
cold outside.* (*antonym:*
закрыва́ть)
(*perfective verb:* откры́ть)

PRES.	я открыва́ю		мы открыва́ем
	ты открыва́ешь		вы открыва́ете
	он открыва́ет		они́ открыва́ют
PAST	M. открыва́л	NT.	открыва́ло
	F. открыва́ла	PL.	открыва́ли

откры́т SHORT ADJECTIVE

open Почему́ все две́ри
откры́ты? *Why are all the doors
open?* (*antonym:* закры́т)

M.	откры́т	NT.	откры́то
F.	откры́та	PL.	откры́ты

откры́тка NOUN

postcard, **greeting card** Вчера́
я посла́л откры́тку дру́гу в
Норве́гию. *Yesterday, I sent a
postcard to a friend in Norway.*

	SING.	PL.
NOM.	откры́тка	откры́тки
GEN.	откры́тки	откры́ток
DAT.	откры́тке	откры́ткам
ACC.	откры́тку	откры́тки
INSTR.	откры́ткой	откры́тками
PREP.	откры́тке	откры́тках

откры́ть PERFECTIVE VERB

open Откро́йте дверь,
пожа́луйста. *Open the door,
please.* (*antonym:* закры́ть)
(*imperfective verb:* открыва́ть)

FUT.	я откро́ю		мы откро́ем
	ты откро́ешь		вы откро́ете
	он откро́ет		они́ откро́ют
PAST	M. откры́л	NT.	откры́ло
	F. откры́ла	PL.	откры́ли
IMPER.	SG. откро́й	PL.	откро́йте

о́чень ADVERB

❶ *(+ adjective or adverb)* **very**
Э́то о́чень интере́сный
расска́з! *This is a very
interesting story!*

❷ *(+ verb)* **very much**, **a lot** Мы
о́чень лю́бим тебя́! *We love you
very much!*

⚠ О́чень can be used to intensify an
adjective, adverb, or verb.

очки́ PLURAL NOUN

glasses, **eyeglasses** Мне
нра́вятся твои́ но́вые очки́. *I
like your new glasses.*

⚠ Очки́ is always plural: **одни́ очки́**
a pair of glasses

NOM.	очки́	ACC.	очки́
GEN.	очко́в	INSTR.	очка́ми
DAT.	очка́м	PREP.	очка́х

оши́бка NOUN

error, **mistake** Вы ви́дите
оши́бку в те́ксте? *Do you see a
mistake in the text?*

⚠ Pronounced: /ашы́пка/.

	SING.	PL.
NOM.	оши́бка	оши́бки
GEN.	оши́бки	оши́бок
DAT.	оши́бке	оши́бкам
ACC.	оши́бку	оши́бки
INSTR.	оши́бкой	оши́бками
PREP.	оши́бке	оши́бках

Пп *Пп* *Пп*

падёж NOUN
(grammar) **case**

пальто́ INDECLINABLE NOUN
coat Вот моё люби́мое кра́сное пальто́. *Here's my favorite red coat.*
⚠ Пальто́ is indeclinable. It does not change form for case or number.

	SING.	PL.
NOM.	пальто́	пальто́
GEN.	пальто́	пальто́
DAT.	пальто́	пальто́
ACC.	пальто́	пальто́
INSTR.	пальто́	пальто́
PREP.	пальто́	пальто́

па́мятник NOUN
monument У вас в го́роде есть па́мятники? *Do you have any monuments in your city?*

	SING.	PL.
NOM.	па́мятник	па́мятники
GEN.	па́мятника	па́мятников
DAT.	па́мятнику	па́мятникам
ACC.	па́мятник	па́мятники
INSTR.	па́мятником	па́мятниками
PREP.	па́мятнике	па́мятниках

па́па NOUN, MASCULINE
dad Вчера́ па́па пришёл с рабо́ты о́чень по́здно. *Yesterday Dad came home from work very late.* (synonym: оте́ц, antonym: ма́ма)

	SING.	PL.
NOM.	па́па	па́пы
GEN.	па́пы	пап
DAT.	па́пе	па́пам
ACC.	па́пу	пап
INSTR.	па́пой	па́пами
PREP.	па́пе	па́пах

парк NOUN
park Мы гуля́ли в па́рке. *We went for walk in the park.*

	SING.	PL.
NOM.	парк	па́рки
GEN.	па́рка	па́рков
DAT.	па́рку	па́ркам
ACC.	парк	па́рки
INSTR.	па́рком	па́рками
PREP.	па́рке	па́рках

па́спорт NOUN
passport Вы не ви́дели мой па́спорт? *Have you seen my passport?*

	SING.	PL.
NOM.	па́спорт	паспорта́
GEN.	па́спорта	паспорто́в
DAT.	па́спорту	паспорта́м
ACC.	па́спорт	паспорта́
INSTR.	па́спортом	паспорта́ми
PREP.	па́спорте	паспорта́х

пе́рвый ADJECTIVE
first Весно́й я был в Москве́ пе́рвый раз. *In the spring, I was in Moscow for the first time.*

M. пе́рвый NT. пе́рвое
F. пе́рвая PL. пе́рвые

перево́дчик NOUN
translator, interpreter И́горь рабо́тает перево́дчиком. *Igor works as a translator.*

	SING.	PL.
NOM.	перево́дчик	перево́дчики
GEN.	перево́дчика	перево́дчиков
DAT.	перево́дчику	перево́дчикам
ACC.	перево́дчика	перево́дчиков
INSTR.	...во́дчиком	перево́дчиками
PREP.	перево́дчике	перево́дчиках

переда́ча NOUN

(TV, etc.) **program**, **show**, **broadcast** Кака́я твоя́ люби́мая переда́ча? *What is your favorite (TV) show?*

	SING.	PL.
NOM.	переда́ча	переда́чи
GEN.	переда́чи	переда́ч
DAT.	переда́че	переда́чам
ACC.	переда́чу	переда́чи
INSTR.	переда́чей	переда́чами
PREP.	переда́че	переда́чах

переры́в NOUN

break, **recess**, **intermission** Мы уста́ли. Нам ну́жен переры́в. *We are tired. We need a break.*

	SING.	PL.
NOM.	переры́в	переры́вы
GEN.	переры́ва	переры́вов
DAT.	переры́ву	переры́вам
ACC.	переры́в	переры́вы
INSTR.	переры́вом	переры́вами
PREP.	переры́ве	переры́вах

перехо́д NOUN

crosswalk, **street crossing** Я не зна́ю, где перехо́д. *I do not know where the crosswalk is.*

	SING.	PL.
NOM.	перехо́д	перехо́ды
GEN.	перехо́да	перехо́дов
DAT.	перехо́ду	перехо́дам
ACC.	перехо́д	перехо́ды
INSTR.	перехо́дом	перехо́дами
PREP.	перехо́де	перехо́дах

перехо́дный глаго́л NOUN

(grammar) **transitive verb**

пе́сня NOUN

song Кака́я краси́вая пе́сня! *What a beautiful song!*

	SING.	PL.
NOM.	пе́сня	пе́сни
GEN.	пе́сни	пе́сен
DAT.	пе́сне	пе́сням
ACC.	пе́сню	пе́сни
INSTR.	пе́сней	пе́снями
PREP.	пе́сне	пе́снях

Пётр NOUN

(man's name) **Peter** *(nickname: Пе́тя Petya)*

петь IMPERFECTIVE VERB

sing Вы ча́сто поёте? *Do you often sing?*
(perfective verb: спеть*)*

PRES.	я пою́		мы поём
	ты поёшь		вы поёте
	он поёт		они́ пою́т
PAST	M. пел	NT. пе́ло	
	F. пе́ла	PL. пе́ли	

Пе́тя NOUN

(man's name) **Petya** *(nickname of* **Пётр** *Peter)*

пиани́но INDECLINABLE NOUN

piano Моя́ сестра́ игра́ет на пиани́но. *My sister plays the piano.*

⚠ Пиани́но is indeclinable. It does not change form for case or number.

	SING.	PL.
NOM.	пиани́но	пиани́но
GEN.	пиани́но	пиани́но
DAT.	пиани́но	пиани́но
ACC.	пиани́но	пиани́но
INSTR.	пиани́но	пиани́но
PREP.	пиани́но	пиани́но

пи́во SINGULAR NOUN

beer Я не пью пи́во. *I do not drink beer.*

NOM.	пи́во	ACC.	пи́во
GEN.	пи́ва	INSTR.	пи́вом
DAT.	пи́ву	PREP.	пи́ве

писа́ть IMPERFECTIVE VERB

write Что вы пи́шете? *What are you writing?*

(*perfective verb:* написа́ть)
⚠ Be careful here. The wrong stressed syllable can change the meaning of the word to mean *to pee.*

PRES.	я пишу́	мы пи́шем
	ты пи́шешь	вы пи́шете
	он пи́шет	они́ пи́шут
PAST	M. писа́л	NT. писа́ло
	F. писа́ла	PL. писа́ли
IMPER.	SG. пиши́	PL. пиши́те

письмо́ NOUN

letter Я написа́ла уже́ два письма́. *I already wrote two letters.*

	SING.	PL.
NOM.	письмо́	пи́сьма
GEN.	письма́	пи́сем
DAT.	письму́	пи́сьмам
ACC.	письмо́	пи́сьма
INSTR.	письмо́м	пи́сьмами
PREP.	письме́	пи́сьмах

пить IMPERFECTIVE VERB

drink Вы пьёте вино́? *Do you drink wine?*
(*perfective verb:* вы́пить)

PRES.	я пью	мы пьём
	ты пьёшь	вы пьёте
	он пьёт	они́ пьют
PAST	M. пил	NT. пи́ло
	F. пила́	PL. пи́ли

план NOUN

plan Ваш план уже́ гото́в? *Is your plan ready?*

	SING.	PL.
NOM.	план	пла́ны
GEN.	пла́на	пла́нов
DAT.	пла́ну	пла́нам
ACC.	план	пла́ны
INSTR.	пла́ном	пла́нами
PREP.	пла́не	пла́нах

пла́тье NOUN

dress Я подари́л жене́ краси́вое пла́тье. *I gave my wife a beautiful dress.*

	SING.	PL.
NOM.	пла́тье	пла́тья
GEN.	пла́тья	пла́тьев
DAT.	пла́тью	пла́тьям
ACC.	пла́тье	пла́тья
INSTR.	пла́тьем	пла́тьями
PREP.	пла́тье	пла́тьях

пло́хо ADVERB

badly, **poorly** Та́ня пло́хо говори́т по-кита́йски. *Tanya does not speak Chinese very well.* (*antonym:* хорошо́)

плохо́й ADJECTIVE

bad Почему́ ты говори́шь, что Серге́й плохо́й челове́к? *Why do you say that Sergei is a bad person?* (*antonym:* хоро́ший)

M.	плохо́й	NT.	плохо́е
F.	плоха́я	PL.	плохи́е

пло́щадь NOUN, FEMININE

square, **plaza** Кра́сная Пло́щадь – э́то изве́стное ме́сто в Москве́. *Red Square is a famous place in Moscow.*

	SING.	PL.
NOM.	пло́щадь	пло́щади
GEN.	пло́щади	площаде́й
DAT.	пло́щади	площадя́м
ACC.	пло́щадь	пло́щади
INSTR.	пло́щадью	площадя́ми
PREP.	пло́щади	площадя́х

по- PREFIX

(*+ language*) **(in)** по-ру́сски **(in) Russian** (*see:* по-англи́йски, по-испа́нски, по-кита́йски, по-неме́цки, по-ру́сски, по-францу́зски)
⚠ Used with the verbs говори́ть (*speak*), писа́ть (*write*), понима́ть (*understand*), and чита́ть (*read*).

по-английски ADVERB
(in) English Ва́ши де́ти о́чень хорошо́ говоря́т по-англи́йски. *Your children speak English very well.*

повели́тельное наклоне́ние NOUN
(grammar) **imperative mood**
(*synonym:* императи́в)

повтори́ть PERFECTIVE VERB
❶ **repeat** Повтори́те, пожа́луйста. *Please repeat that.*
❷ **review** Мы повтори́ли грамма́тику на уро́ке. *We reviewed the grammar during the lesson.*
(*imperfective verb:* повторя́ть)

FUT.	я повторю́		мы повтори́м
	ты повтори́шь		вы повтори́те
	он повтори́т		они́ повторя́т
PAST	M. повтори́л	NT.	повтори́ло
	F. повтори́ла	PL.	повтори́ли
IMPER.	SING. повтори́	PL.	повтори́те

повторя́ть IMPERFECTIVE VERB
❶ **repeat** Нам ну́жно повторя́ть ка́ждое сло́во? *Do we need to repeat every word?*
❷ **review** Я всегда́ повторя́ю те́ксты пе́ред уро́ком. *I always review the texts before the lesson.*
(*perfective verb:* повтори́ть)

PRES.	я повторя́ю		мы повторя́ем
	ты повторя́ешь		вы повторя́ете
	он повторя́ет		они́ повторя́ют
PAST	M. повторя́л	NT.	повторя́ло
	F. повторя́ла	PL.	повторя́ли

пого́да NOUN
weather Как пого́да сего́дня? *How's the weather today?*

	SING.	PL.
NOM.	пого́да	пого́ды
GEN.	пого́ды	пого́д
DAT.	пого́де	пого́дам
ACC.	пого́ду	пого́ды
INSTR.	пого́дой	пого́дами
PREP.	пого́де	пого́дах

подари́ть PERFECTIVE VERB
give *(as a gift)* Что ты пода́ришь му́жу на день рожде́ния? *What are you giving your husband for his birthday?*
(*compare:* дать)
(*imperfective verb:* дари́ть)

FUT.	я подарю́		мы пода́рим
	ты пода́ришь		вы пода́рите
	он пода́рит		они́ пода́рят
PAST	M. подари́л	NT.	подари́ло
	F. подари́ла	PL.	подари́ли

пода́рок NOUN
gift Вы лю́бите дари́ть и́ли получа́ть пода́рки? *Do you like to give or receive gifts?*

	SING.	PL.
NOM.	пода́рок	пода́рки
GEN.	пода́рка	пода́рков
DAT.	пода́рку	пода́ркам
ACC.	пода́рок	пода́рки
INSTR.	пода́рком	пода́рками
PREP.	пода́рке	пода́рках

подру́га NOUN
❶ *(female)* **friend** Моя́ подру́га у́чится в Аме́рике. *My friend is studying in America.*
❷ **girlfriend** Вчера́ я подари́л цветы́ подру́ге. *I gave my girlfriend flowers yesterday.*
(*synonym:* де́вушка)

	SING.	PL.
NOM.	подру́га	подру́ги
GEN.	подру́ги	подру́г
DAT.	подру́ге	подру́гам
ACC.	подру́гу	подру́г
INSTR.	подру́гой	подру́гами
PREP.	подру́ге	подру́гах

по́езд NOUN

train Вы пое́дете в Санкт-Петербу́рг на по́езде? *Are you going to go to St. Petersburg by train?*

	SING.	PL.
NOM.	по́езд	поезда́
GEN.	по́езда	поездо́в
DAT.	по́езду	поезда́м
ACC.	по́езд	поезда́
INSTR.	по́ездом	поезда́ми
PREP.	по́езде	поезда́х

пое́хать PERFECTIVE VERB

(by vehicle) go Я хочу́ пое́хать в Ме́ксику зимо́й. *I want to go to Mexico in the winter.*
(*imperfective verb:* е́хать)

FUT.	я пое́ду	мы пое́дем
	ты пое́дешь	вы пое́дете
	он пое́дет	они́ пое́дут
PAST	м. пое́хал	nt. пое́хало
	f. пое́хала	pl. пое́хали

пожа́луйста PARTICLE

please Чита́йте внима́тельно, пожа́луйста. *Read carefully, please.*

поза́втракать PERFECTIVE VERB

have breakfast Вы уже́ поза́втракали? *Have you already had breakfast?*
(*imperfective verb:* за́втракать)

FUT.	я поза́втракаю	мы поза́втракаем
	ты поза́в...кешь	вы поза́втракаете
	он поза́в...кает	они́ поза́втракают
PAST	м. поза́втракал	nt. поза́втракало
	f. поза́втракала	pl. поза́втракали

позва́ть PERFECTIVE VERB

invite Мы позва́ли Влади́мира на у́жин. *We invited Vladimir for dinner.* **позва́ть в го́сти invite over** Мы позва́ли Ка́тю в го́сти. *We invited Katya over.*
(*imperfective verb:* звать)

FUT.	я позову́	мы позовём
	ты позовёшь	вы позовёте
	он позовёт	они́ позову́т
PAST	м. позва́л	nt. позва́ло
	f. позвала́	pl. позва́ли

позвони́ть PERFECTIVE VERB

call, telephone Когда́ вы позвони́те нам? *When will you call us?*
(*imperfective verb:* звони́ть)

FUT.	я позвоню́	мы позвони́м
	ты позвони́шь	вы позвони́те
	он позвони́т	они́ позвоня́т
PAST	м. позвони́л	nt. позвони́ло
	f. позвони́ла	pl. позвони́ли

по́здно ADVERB

late Уже́ по́здно. Мне на́до идти́. *It's late. I have to go.*
(*antonym:* ра́но)

познако́миться PERFECTIVE VERB

meet, make the acquaintance of Когда́ мы отдыха́ли на мо́ре, мы познако́мились с америка́нцами. *When we were vacationing by the sea, we met some Americans.*
Познако́мьтесь (пожа́луйста)... *I'd like you to meet...* / **Дава́йте познако́мимся.** *Let's get to know each other.*
(*imperfective verb:* знако́миться)

FUT.	я познако́млюсь	мы ...мимся
	ты ...ко́мишься	вы ...митесь
	он ...ко́мится	они́ ...мятся
PAST	м. познако́мился	nt. ...милось
	f. познако́милась	pl. ...мились

по-испа́нски ADVERB

(in) Spanish В Ме́ксике лю́ди говоря́т по-испа́нски. *In Mexico, people speak Spanish.*

пойти́ PERFECTIVE VERB
(on foot) **go**, **start to go** Ты хо́чешь пойти́ в магази́н со мной? *Do you want to go to the store with me?*
(*imperfective verb:* идти́)

FUT.	я пойду́	мы пойдём
	ты пойдёшь	вы пойдёте
	он пойдёт	они́ пойду́т
PAST	M. пошёл	NT. пошло́
	F. пошла́	PL. пошли́

показа́ть PERFECTIVE VERB
show, **display** Я покажу́ вам мои́ фотогра́фии. *I'll show you my photos.*
(*imperfective verb:* пока́зывать)

FUT.	я покажу́	мы пока́жем
	ты пока́жешь	вы пока́жете
	он пока́жет	они́ пока́жут
PAST	M. показа́л	NT. показа́ло
	F. показа́ла	PL. показа́ли

пока́зывать IMPERFECTIVE VERB
show, **display** Часы́ пока́зывают час дня. *The clock shows one p.m.*
(*perfective verb:* показа́ть)

PRES.	я пока́зываю	мы …ваем
	ты пока́зываешь	вы …ваете
	он пока́зывает	они́ …вают
PAST	M. пока́зывал	NT. пока́зывало
	F. пока́зывала	PL. пока́зывали

по-кита́йски ADVERB
(in) Chinese Я чита́ю по-кита́йски, но не пишу́. *I read Chinese, but I don't write it.*

покупа́ть IMPERFECTIVE VERB
buy Вы ча́сто покупа́ете молоко́? *Do you often buy milk?*
(*perfective verb:* купи́ть)

PRES.	я покупа́ю	мы покупа́ем
	ты покупа́ешь	вы покупа́ете
	он покупа́ет	они́ покупа́ют
PAST	M. покупа́л	NT. покупа́ло
	F. покупа́ла	PL. покупа́ли

поликли́ника NOUN
doctor's office, **clinic** За́втра я пойду́ в поликли́нику. *Tomorrow I will go to the doctor.*

	SING.	PL.
NOM.	поликли́ника	поликли́ники
GEN.	поликли́ники	поликли́ник
DAT.	поликли́нике	поликли́никам
ACC.	поликли́нику	поликли́ники
INSTR.	поликли́никой	…кли́никами
PREP.	поликли́нике	поликли́никах

поли́ция NOUN
police Вам ну́жно позвони́ть в поли́цию! *You need to call the police!*

по́лная фо́рма прилага́тельного NOUN
(grammar) **full form of an adjective**, **long adjective**

полови́на NOUN
half Хо́чешь полови́ну я́блока? *Would you like half an apple?*

	SING.	PL.
NOM.	полови́на	полови́ны
GEN.	полови́ны	полови́н
DAT.	полови́не	полови́нам
ACC.	полови́ну	полови́ны
INSTR.	полови́ной	полови́нами
PREP.	полови́не	полови́нах

получа́ть IMPERFECTIVE VERB
receive, **get** Я получа́ю пи́сьма ка́ждый ме́сяц. *I get letters every month.*
(*perfective verb:* получи́ть)

PRES.	я получа́ю	мы получа́ем
	ты получа́ешь	вы получа́ете
	он получа́ет	они́ получа́ют
PAST	M. получа́л	NT. получа́ло
	F. получа́ла	PL. получа́ли

получи́ть PERFECTIVE VERB
receive, **get** Вы уже́ получи́ли де́ньги? *Have you already received the money?*
(*imperfective verb:* получа́ть)

FUT.	я получу́	мы полу́чим	
	ты полу́чишь	вы полу́чите	
	он полу́чит	они́ полу́чат	
PAST	M. получи́л	NT. получи́ло	
	F. получи́ла	PL. получи́ли	

помога́ть IMPERFECTIVE VERB
help, **assist** Я всегда́ помога́ю роди́телям. *I always help my parents.*
(*perfective verb:* помо́чь)

PRES.	я помога́ю	мы помога́ем	
	ты помога́ешь	вы помога́ете	
	он помога́ет	они́ помога́ют	
PAST	M. помога́л	NT. помога́ло	
	F. помога́ла	PL. помога́ли	

помо́чь PERFECTIVE VERB
help, **assist** Вы мо́жете помо́чь мне? *Could you help me?*
(*imperfective verb:* помога́ть)

FUT.	я помогу́	мы помо́жем	
	ты помо́жешь	вы помо́жете	
	он помо́жет	они́ помо́гут	
PAST	M. помо́г	NT. помогло́	
	F. помогла́	PL. помогли́	
IMPER.	SG. помоги́	PL. помоги́те	

понеде́льник NOUN
Monday Мы начина́ем рабо́тать в понеде́льник. *We'll start working on Monday.* **в понеде́льник** *on Monday* / **по понеде́льникам** *on Mondays*

	SING.	PL.
NOM.	понеде́льник	...ники
GEN.	понеде́льника	...ников
DAT.	понеде́льнику	...никам
ACC.	понеде́льник	...ники
INSTR.	понеде́льником	...никами
PREP.	понеде́льнике	...никах

по-неме́цки ADVERB
(in) German Ра́ньше я говори́ла по-неме́цки. *I used to speak German.*

понима́ть IMPERFECTIVE VERB
understand Извини́те, я не понима́ю вас. *Sorry, I do not understand you.*
(*perfective verb:* поня́ть)
⚠ Do not confuse with по́мнить (to remember).

PRES.	я понима́ю	мы понима́ем	
	ты понима́ешь	вы понима́ете	
	он понима́ет	они́ понима́ют	
PAST	M. понима́л	NT. понима́ло	
	F. понима́ла	PL. понима́ли	

понра́виться PERFECTIVE VERB
(*dative case +* понра́виться)
like Мне понра́вился фильм, а тебе́? *I liked the movie. Did you?*
(*imperfective verb:* нра́виться)
⚠ If you want to say "*I liked...*", in Russian, this is literally "*To me pleased...*". What would be the subject in English is in the dative case in Russian. If you want to say "I liked...", in Russian, this is literally "To me pleased...". What would be the subject in English is in the dative case in Russian. мне/тебе́/ему́/ей/нам/вам/им понра́вился (+ m. sg. nom. noun) or понра́вилось (+ nt. sg. nom. noun) or понра́вилась (+ f. sg. nom. noun) or понра́вились (+ pl. nom. noun) I/you/he/she/we/you/they liked ___ : Ему́ понра́вился фильм. *He liked the movie.* Ему́ понра́вилось э́то зда́ние. *He liked this building.* Ему́ понра́вилась э́та кни́га. *He liked this book.* Ему́ понра́вились э́ти кни́ги. *He liked these books.*

FUT.	я понра́влюсь	мы понра́вимся	
	ты понра́вишься	вы понра́витесь	
	он понра́вится	они́ понра́вятся	
PAST	M. понра́вился	NT. понра́вилось	
	F. понра́вилась	PL. понра́вились	

поня́тно ADVERB

❶ **understandably**, **clearly** Вы говори́те о́чень поня́тно. *You speak very clearly.*

❷ **I understand!, Got it!, I see!** – Я не пойду́ в кино́ с ва́ми. – Поня́тно. Жаль. *I won't be going to the movies with you. – I see... That's too bad.*

поня́ть PERFECTIVE VERB

understand Два го́да наза́д я по́нял, что до́лжен учи́ть ру́сский язы́к. *Two years ago, I understood that I had to learn Russian.*
(*imperfective verb:* понима́ть)

FUT.	я пойму́	мы поймём	
	ты поймёшь	вы поймёте	
	он поймёт	они́ пойму́т	
PAST	M. по́нял	NT. по́няло	
	F. поняла́	PL. по́няли	

пообе́дать PERFECTIVE VERB

have lunch Я пообе́дал в двена́дцать и продо́лжил рабо́тать. *I had lunch at twelve and (then) continued working.*
(*imperfective verb:* обе́дать)

FUT.	я пообе́даю	мы пообе́даем	
	ты пообе́даешь	вы пообе́даете	
	он пообе́дает	они́ пообе́дают	
PAST	M. пообе́дал	NT. пообе́дало	
	F. пообе́дала	PL. пообе́дали	

попроси́ть PERFECTIVE VERB

ask (for), **request** Я попроси́л учи́теля повтори́ть фра́зу. *I asked the teacher to repeat the phrase.*
(*imperfective verb:* проси́ть)

FUT.	я попрошу́	мы попро́сим	
	ты попро́сишь	вы попро́сите	
	он попро́сит	они́ попро́сят	
PAST	M. попроси́л	NT. попроси́ло	
	F. попроси́ла	PL. попроси́ли	

по-ру́сски ADVERB

(in) Russian Как сказа́ть "tomorrow" по-ру́сски? *How do you say "tomorrow" in Russian?*

поря́дковое числи́тельное NOUN

(grammar) **ordinal number**

посла́ть PERFECTIVE VERB

mail, **send** Мне обяза́тельно ну́жно посла́ть письмо́ за́втра. *I definitely need to mail a letter tomorrow.*
(*imperfective verb:* посыла́ть)

FUT.	я пошлю́	мы пошлём	
	ты пошлёшь	вы пошлёте	
	он пошлёт	они́ пошлю́т	
PAST	M. посла́л	NT. посла́ло	
	F. посла́ла	PL. посла́ли	

по́сле PREPOSITION

(+ genitive case) **after** Что вы бу́дете де́лать по́сле уро́ка? *What will you do after class?*

посмотре́ть PERFECTIVE VERB

❶ **watch** Ве́чером я хочу́ посмотре́ть фильм. *In the evening, I want to watch a movie.*

❷ *(+ на + accusative case)* **look at** Посмотри́те на фотогра́фию. Что вы ви́дите? *Look at the photo. What do you see?*
(*imperfective verb:* смотре́ть)

FUT.	я посмотрю́	мы посмо́трим	
	ты ...ришь	вы посмо́трите	
	он посмо́трит	они́ посмо́трят	

PAST   M. посмотре́л   NT. посмотре́ло
       F. посмотре́ла   PL. посмотре́ли
IMPER. SING. посмотри́ PL. посмотри́те

постро́ить PERFECTIVE VERB

build Когда́ вы постро́или дом? *When did you build a house?*
(*imperfective verb:* стро́ить)

FUT.   я постро́ю   мы постро́им
       ты постро́ишь   вы постро́ите
       он постро́ит   они́ постро́ят
PAST   M. постро́ил   NT. постро́ило
       F. постро́ила   PL. постро́или

посыла́ть IMPERFECTIVE VERB

mail, send Заче́м ты посыла́ешь два письма́? *Why would you mail two letters?*
(*perfective verb:* посла́ть)

PRES. я посыла́ю   мы посыла́ем
       ты посыла́ешь   вы посыла́ете
       он посыла́ет   они́ посыла́ют
PAST   M. посыла́л   NT. посыла́ло
       F. посыла́ла   PL. посыла́ли

пото́м ADVERB

then, after that Снача́ла мы ходи́ли на бале́т, пото́м в рестора́н. *First, we went to the ballet and then to a restaurant.*

потому́ что CONJUNCTION

because Я изуча́ю ру́сский язы́к, потому́ что хочу́ пое́хать в Росси́ю. *I am studying Russian because I want to go to Russia.*

поу́жинать PERFECTIVE VERB

have dinner Дава́йте поу́жинаем в во́семь сего́дня? *Let's have dinner at eight today?*
(*imperfective verb:* у́жинать)

FUT.   я поу́жинаю   мы поу́жинаем
       ты поу́жинаешь   вы поу́жинаете
       он поу́жинает   они́ поу́жинают
PAST   M. поу́жинал   NT. поу́жинало
       F. поу́жинала   PL. поу́жинали

по-францу́зски ADVERB

(in) French Я ча́сто говорю́ по-францу́зски на рабо́те. *I often speak French at work.*

почему́ ADVERB

why Почему́ вы не хоти́те идти́ с на́ми? *Why don't you come with us?*

по́чта NOUN

post office Обы́чно я хожу́ на по́чту днём. *I usually go to the post office in the afternoon.*

	SING.	PL.
NOM.	по́чта	по́чты
GEN.	по́чты	почт
DAT.	по́чте	по́чтам
ACC.	по́чту	по́чты
INSTR.	по́чтой	по́чтами
PREP.	по́чте	по́чтах

почти́ ADVERB

nearly, almost Уже́ почти́ де́вять часо́в. *It's already almost nine o'clock.*

поэ́т NOUN

poet Алекса́ндр Пу́шкин – э́то изве́стный ру́сский поэ́т. *Alexander Pushkin was a famous Russian poet.*

	SING.	PL.
NOM.	поэ́т	поэ́ты
GEN.	поэ́та	поэ́тов
DAT.	поэ́ту	поэ́там
ACC.	поэ́та	поэ́тов
INSTR.	поэ́том	поэ́тами
PREP.	поэ́те	поэ́тах

прав SHORT ADJECTIVE

right Коне́чно, ты прав. Нам ну́жно сде́лать так, как ты говори́шь. *Of course, you are right. We need to do as you say.*

M. прав   NT. пра́во

F. права́ PL. пра́вы

пра́вильно ADVERB, INTERJECTION
❶ ADVERB **correctly** Вы всё написа́ли пра́вильно. *You have written everything correctly.*
❷ INTERJECTION **that's right** – Мы идём в парк? – Пра́вильно! Сего́дня мы идём гуля́ть в парк. *Are we going to the park? – That's right! Today we'll go for a walk in the park.*

прави́тельство NOUN
government Что говоря́т лю́ди о прави́тельстве? *What are people saying about the government?*

	SING.	PL.
NOM.	прави́тельство	прави́тельства
GEN.	прави́тельства	прави́тельств
DAT.	прави́тельству	прави́тельствам
ACC.	прави́тельство	прави́тельства
INSTR.	прави́тельством	прави́тельствами
PREP.	прави́тельстве	прави́тельствах

пра́вый ADJECTIVE
right(-hand) Его́ пра́вая рука́ лежи́т на кни́ге. *His right hand is resting on a book.* (*antonym:* ле́вый, *antonym:* ле́вый)
M. пра́вый NT. пра́вое
F. пра́вая PL. пра́вые

пра́здник NOUN
holiday Како́й сего́дня пра́здник в Росси́и? *What holiday is it today in Russia?* С пра́здником! (*greeting used on any holiday*) *Happy holiday!*

	SING.	PL.
NOM.	пра́здник	пра́здники
GEN.	пра́здника	пра́здников
DAT.	пра́зднику	пра́здникам
ACC.	пра́здник	пра́здники
INSTR.	пра́здником	пра́здниками
PREP.	пра́зднике	пра́здниках

предло́г NOUN
(*grammar*) **preposition**

предложе́ние NOUN
(*grammar*) **sentence**

предло́жный паде́ж NOUN
(*grammar*) **prepositional case**

преподава́тель NOUN, MASCULINE
teacher Ваш преподава́тель иностра́нец? *Is your teacher a foreigner?* (*synonym:* учи́тель)
⚠ Преподава́тель, like most words denoting occupations, is masculine but can be used for either a man or a woman. The feminine form преподава́тельница is less common.

	SING.	PL.
NOM.	преподава́тель	…ва́тели
GEN.	преподава́теля	…ва́телей
DAT.	преподава́телю	…ва́телям
ACC.	преподава́теля	…ва́телей
INSTR.	преподава́телем	…ва́телями
PREP.	преподава́теле	…ва́телях

преподава́тельница NOUN
(*female*) **teacher** На́ша преподава́тельница о́чень до́брая. *Our teacher is very kind.* (*synonym:* учи́тельница)

	SING.	PL.
NOM.	преподава́тельница	…ницы
GEN.	преподава́тельницы	…ниц
DAT.	преподава́тельнице	…ницам
ACC.	преподава́тельницу	…ниц
INSTR.	преподава́тельницей	…ницами
PREP.	преподава́тельнице	…ницах

приве́т INTERJECTION
(*informal*) **hi, hello** Приве́т! Как дела́? *Hi! How are you?* (*compare:* здра́вствуйте)

пригласи́ть PERFECTIVE VERB
invite Я пригласи́л мно́го друзе́й на пра́здник. *I invited a*

lot of friends for the holiday. (imperfective verb: приглашáть)

FUT.	я приглашý	мы приглаcи́м
	ты приглаcи́шь	вы приглаcи́те
	он приглаcи́т	они́ приглаcя́т
PAST	M. приглаcи́л	NT. приглаcи́ло
	F. приглаcи́ла	PL. приглаcи́ли

приглашáть IMPERFECTIVE VERB
invite Мы чáсто приглашáем Кáтю в гóсти. *We often invite Kate to visit.*
(*perfective verb:* приглаcи́ть)

PRES.	я приглашáю	мы ...шáем
	ты приглашáешь	вы ...шáете
	он приглашáет	они́ ...шáют
PAST	M. приглашáл	NT. ...шáло
	F. приглашáла	PL. ...шáли

приéхать PERFECTIVE VERB
(by vehicle) **arrive, come** Вы приéхали вчерá нóчью? *Did you arrive last night?*
(*imperfective verb:* приезжáть)

FUT.	я приéду	мы приéдем
	ты приéдешь	вы приéдете
	он приéдет	они́ приéдут
PAST	M. приéхал	NT. приéхало
	F. приéхала	PL. приéхали

прийти́ PERFECTIVE VERB
(on foot) **arrive, come** Жéня, кто пришёл? *Zhenya, who's here?*
(*imperfective verb:* приходи́ть)

FUT.	я придý	мы придём
	ты придёшь	вы придёте
	он придёт	они́ придýт
PAST	M. пришёл	NT. пришлó
	F. пришлá	PL. пришли́

прилагáтельное NOUN
(*grammar*) **adjective**

прирóда NOUN
nature Я дýмаю, что все лю́ди лю́бят прирóду. *I think that all people love nature.*

	SING.	PL.
NOM.	прирóда	прирóды
GEN.	прирóды	прирóд
DAT.	прирóде	прирóдам
ACC.	прирóду	прирóды
INSTR.	прирóдой	прирóдами
PREP.	прирóде	прирóдах

пристáвка NOUN
(*grammar*) **prefix**

притяжáтельное местоимéние NOUN
(*grammar*) **possessive pronoun**

прия́тно ADVERB
nicely, pleasantly Прия́тно познакóмиться, Михаи́л! *Nice to meet you, Michael!* Óчень прия́тно! *Nice to meet you!*

проблéма NOUN
problem, trouble У вас нет проблéм с докумéнтами? *You don't have any problems with the documents, do you?*

⚠ Learners often have trouble with the genitive plural of feminine nouns. Remember that there is a "zero ending," that is, the final -a drops. – Помоги́ мне, пожáлуйста. – Без проблéм! *Help me, please. – No problem [lit. without problems]!*

	SING.	PL.
NOM.	проблéма	проблéмы
GEN.	проблéмы	проблéм
DAT.	проблéме	проблéмам
ACC.	проблéму	проблéмы
INSTR.	проблéмой	проблéмами
PREP.	проблéме	проблéмах

прогрáмма NOUN
program Моя́ люби́мая

програ́мма начина́ется в семь часо́в. *My favorite program starts at seven o'clock.*

	SING.	PL.
NOM.	програ́мма	програ́ммы
GEN.	програ́ммы	програ́мм
DAT.	програ́мме	програ́ммам
ACC.	програ́мму	програ́ммы
INSTR.	програ́ммой	програ́ммами
PREP.	програ́мме	програ́ммах

продолжа́ть IMPERFECTIVE VERB

(+ *imperfective verb*) **continue** О́сенью я бу́ду продолжа́ть изуча́ть ру́сский язы́к. *In the fall, I will continue to study Russian.*
(*perfective verb:* продо́лжить)

PRES.	я продолжа́ю	мы …жа́ем
	ты …жа́ешь	вы …жа́ете
	он продолжа́ет	они́ …жа́ют
PAST	M. продолжа́л	NT. …жа́ло
	F. продолжа́ла	PL. …жа́ли

произноше́ние NOUN

(*grammar*) **pronunciation**

проси́ть IMPERFECTIVE VERB

ask (for), request Я не хочу́ проси́ть у вас де́нег, но я до́лжен. *I do not want to ask you for money, but I have to.*
(*perfective verb:* попроси́ть)

PRES.	я прошу́	мы про́сим
	ты про́сишь	вы про́сите
	он про́сит	они́ про́сят
PAST	M. проси́л	NT. проси́ло
	F. проси́ла	PL. проси́ли

проспе́кт NOUN

avenue Э́тот магази́н нахо́дится на проспе́кте недалеко́ от до́ма. *This shop is located on the avenue close to my home.*

	SING.	PL.
NOM.	проспе́кт	проспе́кты
GEN.	проспе́кта	проспе́ктов
DAT.	проспе́кту	проспе́ктам
ACC.	проспе́кт	проспе́кты
INSTR.	проспе́ктом	проспе́ктами
PREP.	проспе́кте	проспе́ктах

просто́е предложе́ние NOUN

(*grammar*) **simple sentence**

профе́ссия NOUN

profession, occupation Вам нра́вится ва́ша профе́ссия? *Do you like your profession?*

	SING.	PL.
NOM.	профе́ссия	профе́ссии
GEN.	профе́ссии	профе́ссий
DAT.	профе́ссии	профе́ссиям
ACC.	профе́ссию	профе́ссии
INSTR.	профе́ссией	профе́ссиями
PREP.	профе́ссии	профе́ссиях

прочита́ть PERFECTIVE VERB

read Мне ну́жно прочита́ть кни́гу сего́дня. *I need to read the book today.*
(*imperfective verb:* чита́ть)

FUT.	я прочита́ю	мы прочита́ем
	ты прочита́ешь	вы прочита́ете
	он прочита́ет	они́ прочита́ют
PAST	M. прочита́л	NT. прочита́ло
	F. прочита́ла	PL. прочита́ли

проше́дшее вре́мя NOUN

(*grammar*) **past tense**

пряма́я речь NOUN

(*grammar*) **direct speech**

пятна́дцать NUMBER

fifteen Екатери́не уже́ пятна́дцать лет. *Catherine is fifteen years.*

пя́тница NOUN

Friday Что вы бу́дете де́лать ве́чером в пя́тницу? *What are you going to do on Friday night?*

в пя́тницу on Friday / **по пя́тницам** on Fridays

	SING.	PL.
NOM.	пя́тница	пя́тницы
GEN.	пя́тницы	пя́тниц
DAT.	пя́тнице	пя́тницам
ACC.	пя́тницу	пя́тницы
INSTR.	пя́тницей	пя́тницами
PREP.	пя́тнице	пя́тницах

ПЯТЬ NUMBER

five Я рабо́таю пять дней в неде́лю. *I work five days a week.*

ПЯТЬДЕСЯ́Т NUMBER

fifty У тебя́ есть пятьдеся́т рубле́й? *Do you have fifty rubles?*

ПЯТЬСО́Т NUMBER

five hundred – Ско́лько сто́ит э́та кни́га? – Пятьсо́т рубле́й. *How much is this book? – Five hundred rubles.*

⚠ Pronounced /пицо́т/.

Рр Рр *Рр*

рабо́та NOUN
job Вам нужна́ рабо́та? *Do you need a job?*

	SING.	PL.
NOM.	рабо́та	рабо́ты
GEN.	рабо́ты	рабо́т
DAT.	рабо́те	рабо́там
ACC.	рабо́ту	рабо́ты
INSTR.	рабо́той	рабо́тами
PREP.	рабо́те	рабо́тах

рабо́тать IMPERFECTIVE VERB
work Где вы хоти́те рабо́тать по́сле университе́та? *Where do you want to work after college?*
рабо́тать *(+ instrumental case)* **work as** Я рабо́таю учи́телем в шко́ле. *I work as a teacher in a school.*

PRES.	я рабо́таю	мы рабо́таем
	ты рабо́таешь	вы рабо́таете
	он рабо́тает	они́ рабо́тают
PAST	M. рабо́тал	NT. рабо́тало
	F. рабо́тала	PL. рабо́тали
IMPER.	SG. рабо́тай	PL. рабо́тайте

рад SHORT ADJECTIVE
glad, pleased Рад ви́деть вас, А́нна! *Good to see you, Anna!*

M. рад NT. ра́до
F. ра́да PL. ра́ды

ра́дио INDECLINABLE OUN
radio Вы ча́сто слу́шаете ра́дио? *Do you often listen to the radio?*

⚠ Ра́дио is indeclinable. It does not change form for case or number.

	SING.	PL.
NOM.	ра́дио	ра́дио
GEN.	ра́дио	ра́дио
DAT.	ра́дио	ра́дио
ACC.	ра́дио	ра́дио
INSTR.	ра́дио	ра́дио
PREP.	ра́дио	ра́дио

радиопереда́ча NOUN
radio broadcast Кака́я ва́ша люби́мая радиопереда́ча? *What's your favorite radio program?*

	SING.	PL.
NOM.	радиопереда́ча	...да́чи
GEN.	радиопереда́чи	...да́ч
DAT.	радиопереда́че	...да́чам
ACC.	радиопереда́чу	...да́чи
INSTR.	радиопереда́чей	...да́чами
PREP.	радиопереда́че	...да́чах

раз NOUN
time Я была́ в Аме́рике два ра́за. *I've been to America twice.* **раз** *once* / **два ра́за** *twice* / **три ра́за** *three times* / **четы́ре ра́за** *four times* / **пять раз** *five times*

⚠ The genitive plural is irregular and does not end in -ов.

	SING.	PL.
NOM.	раз	разы́
GEN.	ра́за	раз
DAT.	ра́зу	раза́м
ACC.	раз	разы́
INSTR.	ра́зом	раза́ми
PREP.	ра́зе	раза́х

разгова́ривать IMPERFECTIVE VERB
speak, talk Я не хочу́ с тобо́й разгова́ривать. *I do not want to talk to you.* (synonym: говори́ть)

PRES.	я разгова́риваю	мы ...ваем
	ты ...ваешь	вы ...ваете
	он ...вает	они́ ...вают

PAST	M. разгова́ривал	NT. ...вало
	F. разгова́ривала	PL. ...вали

ра́зный ADJECTIVE

different, **various** Все лю́ди ра́зные. *Everyone is different.* (*compare:* друго́й)

M. ра́зный	NT. ра́зное
F. ра́зная	PL. ра́зные

райо́н NOUN

region, **area**, **district** Вам нра́вится наш райо́н? *Do you like our region?*

	SING.	PL.
NOM.	райо́н	райо́ны
GEN.	райо́на	райо́нов
DAT.	райо́ну	райо́нам
ACC.	райо́н	райо́ны
INSTR.	райо́ном	райо́нами
PREP.	райо́не	райо́нах

ра́но ADVERB

early Сего́дня я ел о́чень ра́но. *Today I ate very early.* (*antonym:* по́здно)

ра́ньше ADVERB

before, **earlier**, **in the past** Ра́ньше я е́ла мно́го шокола́да. *I used to eat a lot of chocolate.* (*antonym:* тепе́рь)

⚠ Ра́ньше + imperfect verb can be translated as *used to*.

расска́з NOUN

story Мы прочита́ли расска́з два ра́за. *We read the story twice.*

	SING.	PL.
NOM.	расска́з	расска́зы
GEN.	расска́за	расска́зов
DAT.	расска́зу	расска́зам
ACC.	расска́з	расска́зы
INSTR.	расска́зом	расска́зами
PREP.	расска́зе	расска́зах

рассказа́ть PERFECTIVE VERB

tell Я рассказа́л всё друзья́м. *I told my friends everything.* (*imperfective verb:* расска́зывать)

FUT.	я расскажу́	мы расска́жем
	ты расска́жешь	вы расска́жете
	он расска́жет	они́ расска́жут
PAST	M. рассказа́л	NT. рассказа́ло
	F. рассказа́ла	PL. рассказа́ли

расска́зывать IMPERFECTIVE VERB

tell Я не люблю́ расска́зывать о себе́. *I do not like to talk about myself.* (*perfective verb:* рассказа́ть)

PRES.	я расска́зываю	мы ...ваем
	ты расска́зываешь	вы ...ваете
	он расска́зывает	они́ ...вают
PAST	M. расска́зывал	NT. ...вало
	F. расска́зывала	PL. ...вали

ре́дко ADVERB

rarely, **seldom**, **not often** Мы о́чень ре́дко хо́дим в теа́тр. *We very rarely go to the theater.* (*antonym:* ча́сто)

результа́т NOUN

result Вы изуча́ете ру́сский язы́к год, и у вас уже́ о́чень хоро́ший результа́т! *You've been studying Russian for a year, and you already have very good results.*

	SING.	PL.
NOM.	результа́т	результа́ты
GEN.	результа́та	результа́тов
DAT.	результа́ту	результа́там
ACC.	результа́т	результа́ты
INSTR.	результа́том	результа́тами
PREP.	результа́те	результа́тах

река́ NOUN

river Они́ живу́т недалеко́ от реки́. *They live near the river.*

	SING.	PL.
NOM.	река́	ре́ки
GEN.	реки́	рек
DAT.	реке́	ре́кам
ACC.	ре́ку	ре́ки
INSTR.	реко́й	ре́ками
PREP.	реке́	ре́ках

рестора́н NOUN

restaurant Э́то мой люби́мый рестора́н . *This is my favorite restaurant.*

	SING.	PL.
NOM.	рестора́н	рестора́ны
GEN.	рестора́на	рестора́нов
DAT.	рестора́ну	рестора́нам
ACC.	рестора́н	рестора́ны
INSTR.	рестора́ном	рестора́нами
PREP.	рестора́не	рестора́нах

реша́ть IMPERFECTIVE VERB

❶ **decide** Почему́ вы реша́ете, что я должна́ де́лать в жи́зни? *Why are you deciding what I should do in life?*

❷ **solve** Серге́й всегда́ реша́ет пробле́мы. *Sergei always solves problems.*

(*perfective verb:* реши́ть)

PRES.	я реша́ю	мы реша́ем
	ты реша́ешь	вы реша́ете
	он реша́ет	они́ реша́ют
PAST	M. реша́л	NT. реша́ло
	F. реша́ла	PL. реша́ли

реши́ть PERFECTIVE VERB

❶ **decide** Я реши́л, что бу́ду изуча́ть кита́йский язы́к. *I decided that I would learn Chinese.*

❷ **solve** Мне ну́жно реши́ть зада́чу до конца́ уро́ка. *I need to solve the problem before the end of the lesson.*

(*imperfective verb:* реша́ть)

| FUT. | я решу́ | мы реши́м |

	ты реши́шь	вы реши́те
	он реши́т	они́ реша́т
PAST	M. реши́л	NT. реши́ло
	F. реши́ла	PL. реши́ли

рис SINGULAR NOUN

rice Вы еди́те мно́го ри́са? *Do you eat a lot of rice?*

NOM.	рис	ACC.	рис
GEN.	ри́са	INSTR.	ри́сом
DAT.	ри́су	PREP.	ри́се

рисова́ть IMPERFECTIVE VERB

draw, **paint** Вы хорошо́ рису́ете? *Are you good at drawing?*

(*perfective verb:* нарисова́ть)

PRES.	я рису́ю	мы рису́ем
	ты рису́ешь	вы рису́ете
	он рису́ет	они́ рису́ют
PAST	M. рисова́л	NT. рисова́ло
	F. рисова́ла	PL. рисова́ли

род NOUN

(*grammar*) **gender**

ро́дина NOUN

birthplace, **homeland** Где ва́ша ро́дина? *Where is your birthplace?*

	SING.	PL.
NOM.	ро́дина	ро́дины
GEN.	ро́дины	ро́дин
DAT.	ро́дине	ро́динам
ACC.	ро́дину	ро́дины
INSTR.	ро́диной	ро́динами
PREP.	ро́дине	ро́динах

роди́тели PLURAL NOUN

parents Мы с роди́телями хоти́м помо́чь вам. *My parents and I want to help you.*

(*synonym:* мать и оте́ц)

NOM.	роди́тели	ACC.	роди́телей
GEN.	роди́телей	INSTR.	роди́телями
DAT.	роди́телям	PREP.	роди́телях

роди́тельный паде́ж NOUN
(grammar) **genitive case**

роди́ться PERFECTIVE VERB
be born Вы родили́сь в Шве́ции? *Were you born in Sweden?* (*antonym:* умере́ть)

FUT.	я рожу́сь		мы роди́мся
	ты роди́шься		вы роди́тесь
	он роди́тся		они́ родя́тся
PAST	M. роди́лся	NT.	родило́сь
	F. родила́сь	PL.	роди́лись

родно́й ADJECTIVE
native, home- Где нахо́дится ваш родно́й го́род? *Where is your hometown?*

M.	родно́й	NT.	родно́е
F.	родна́я	PL.	родны́е

рожде́ние NOUN
birth Когда́ у вас день рожде́ния? *When is your birthday?* **С днём рожде́ния!** *Happy birthday!*

	SING.	PL.
NOM.	рожде́ние	рожде́ния
GEN.	рожде́ния	рожде́ний
DAT.	рожде́нию	рожде́ниям
ACC.	рожде́ние	рожде́ния
INSTR.	рожде́нием	рожде́ниями
PREP.	рожде́нии	рожде́ниях

росси́йский ADJECTIVE
Russian, Russia's, of Russia У него́ есть росси́йский па́спорт. *He has a Russian passport.*
⚠ Росси́йский refers to the country: **росси́йская эконо́мика** *the Russian economy,* **росси́йское прави́тельство** *the Russian government* (*compare:* ру́сский)

M.	росси́йский	NT.	росси́йское
F.	росси́йская	PL.	росси́йские

Росси́я NOUN
(geography) **Russia** Ско́лько лет вы живёте в Росси́и? *How many years have you lived in Russia?*

NOM.	Росси́я	ACC.	Росси́ю
GEN.	Росси́и	INSTR.	Росси́ей
DAT.	Росси́и	PREP.	Росси́и

руба́шка NOUN
shirt Краси́вая руба́шка! Где ты купи́ла её? *Nice shirt! Where did you buy it?*

	SING.	PL.
NOM.	руба́шка	руба́шки
GEN.	руба́шки	руба́шек
DAT.	руба́шке	руба́шкам
ACC.	руба́шку	руба́шки
INSTR.	руба́шкой	руба́шками
PREP.	руба́шке	руба́шках

рубль NOUN, MASCULINE
ruble Мой телефо́н сто́ит пятна́дцать ты́сяч рубле́й. *My phone cost fifteen thousand rubles.*

	SING.	PL.
NOM.	рубль	рубли́
GEN.	рубля́	рубле́й
DAT.	рублю́	рубля́м
ACC.	рубль	рубли́
INSTR.	рублём	рубля́ми
PREP.	рубле́	рубля́х

рука́ NOUN
❶ **arm** У Алекса́ндра си́льные ру́ки. *Alexander has strong arms.*
❷ **hand** У тебя́ краси́вые ру́ки. *You have beautiful hands.*

	SING.	PL.
NOM.	рука́	ру́ки
GEN.	руки́	рук
DAT.	руке́	рука́м
ACC.	ру́ку	ру́ки
INSTR.	руко́й	рука́ми
PREP.	руке́	рука́х

ру́сский ADJECTIVE, NOUN
❶ **Russian** ADJECTIVE Вам нра́вится ру́сская ку́хня? *Do you like Russian cuisine?*
❷ **Russian** NOUN Они́ ру́сскне. *They are Russian.*
⚠ The word ру́сский denotes the Russian people and culture: **ру́сский наро́д** *the Russian people,* **ру́сская ку́хня** *Russian cuisine,* **ру́сский язы́к** *the Russian language* (*compare:* росси́йский)
M. ру́сский NT. ру́сское
F. ру́сская PL. ру́сские

ру́сско-англи́йский ADJECTIVE
Russian-English Вчера́ я купи́л но́вый ру́сско-англи́йский слова́рь. *Yesterday I bought a new Russian-English dictionary.*
M. ру́сско-англи́йский
F. ру́сско-англи́йская
NT. ру́сско-англи́йское
PL. ру́сско-англи́йские

ру́чка NOUN
pen Да́йте ру́чку, пожа́луйста. *Give me a pen, please.*

	SING.	PL.
NOM.	ру́чка	ру́чки
GEN.	ру́чки	ру́чек
DAT.	ру́чке	ру́чкам
ACC.	ру́чку	ру́чки
INSTR.	ру́чкой	ру́чками
PREP.	ру́чке	ру́чках

ры́ба NOUN
fish Вы еди́те ры́бу? *Do you eat fish?*

	SING.	PL.
NOM.	ры́ба	ры́бы
GEN.	ры́бы	рыб
DAT.	ры́бе	ры́бам
ACC.	ры́бу	рыб
INSTR.	ры́бой	ры́бами
PREP.	ры́бе	ры́бах

Cc Cc Cc

с (со) PREPOSITION

❶ *(+ instrumental case)* **with, accompanied by** Вчера́ Оле́г был в кафе́ с друзья́ми. *Yesterday Oleg was at a café with his friends.*
❷ *(+ instrumental case)* **with** Вы пьёте чай с молоко́м? *Do you drink tea with milk?*
❸ *(place) (+ genitive case)* **from** Мы прие́хали с заво́да по́здно ве́чером. *We got back from the factory late in the evening.* (*antonym:* на)
❹ *(time) (+ genitive case)* **since** Екатери́на и Серге́й в Москве́ с понеде́льника. *Catherine and Sergey have been in Moscow since Monday.*
❺ *(time) (+ genitive case)* **from** Магази́н рабо́тает с понеде́льника по суббо́ту. *The store is open from Monday to Saturday.*
⚠ When followed by a cluster of two or more consonants, с becomes **со**: **со студе́нтом** *with the student* / **со мной** *with me*

сад NOUN

garden Мои́ роди́тели о́чень лю́бят свой большо́й сад. *My parents really like their large garden.*

	SING.	PL.
NOM.	сад	сады́
GEN.	са́да	садо́в
DAT.	са́ду	сада́м
ACC.	сад	сады́
INSTR.	са́дом	сада́ми
PREP.	о са́де в саду́	сада́х

сала́т NOUN

salad Вы бу́дете есть сала́т? *Will you have a salad?*

	SING.	PL.
NOM.	сала́т	сала́ты
GEN.	сала́та	сала́тов
DAT.	сала́ту	сала́там
ACC.	сала́т	сала́ты
INSTR.	сала́том	сала́тами
PREP.	сала́те	сала́тах

сам PRONOUN

(by) oneself, on one's own – Вам помо́чь? – Нет, спаси́бо. Я могу́ сде́лать э́то сам. *Can I help you? – No thanks. I can do it myself.* Я сама́ реши́ла зада́чу. Никто́ мне не помога́л. *I solved the problem myself. No one helped me.*

M.	сам	NT.	само́
F.	сама́	PL.	са́ми

Санкт-Петербу́рг NOUN

(geography) **Saint Petersburg** Санкт-Петербу́ргу три́ста пятна́дцать лет. *St. Petersburg is three hundred and fifteen years old.*

NOM.	Санкт-Петербу́рг
GEN.	Санкт-Петербу́рга
DAT.	Санкт-Петербу́ргу
ACC.	Санкт-Петербу́рг
INSTR.	Санкт-Петербу́ргом
PREP.	Санкт-Петербу́рге

са́хар SINGULAR NOUN

sugar Я давно́ не ем са́хар. *I haven't eaten sugar for a long time.*

NOM.	са́хар	ACC.	са́хар
GEN.	са́хара	INSTR.	са́харом
DAT.	са́хару	PREP.	са́харе

Са́ша NOUN

❶ *(man's name)* **Sasha** *(nickname of* **Алекса́ндр** *Alexander)*

❷ *(woman's name)* **Sasha** *(nickname of* **Алекса́ндра** *Alexandra)*

Све́та NOUN

(woman's name) **Sveta** *(nickname of* **Светла́на** *Svetlana)*

Светла́на NOUN

(woman's name) **Svetlana** *(nickname:* **Све́та** *Sveta)*

свобо́дный ADJECTIVE

free, **spare** Что вы лю́бите де́лать в свобо́дное вре́мя? *What do you like to do in your spare time?*

M.	свобо́дный	NT.	свобо́дное
F.	свобо́дная	PL.	свобо́дные

свой PRONOUN, POSSESSIVE

one's own Вы получи́ли свои́ докуме́нты? *Have you received your documents?*

⚠ Свой is used instead of other possessive pronouns when referring to the same person as the preceding subject.

M. свой NT. своё F. своя́ PL. свои́

сде́лать PERFECTIVE VERB

❶ **do** Вам ну́жно сде́лать рабо́ту до понеде́льника. *You need to do the job by Monday.*

❷ **make** Посмотри́те, вы сде́лали оши́бку. *Look, you made a mistake.*

(imperfective verb: де́лать*)*

FUT.	я сде́лаю		мы сде́лаем
	ты сде́лаешь		вы сде́лаете
	он сде́лает		они́ сде́лают
PAST	M. сде́лал	NT.	сде́лало
	F. сде́лала	PL.	сде́лали

себе́ PRONOUN *(see:* себя́*)*

себя́ PRONOUN

oneself Вы должны́ люби́ть себя́. *You have to love yourself.*

NOM.	–	ACC.	себя́
GEN.	себя́	INSTR.	собо́й
DAT.	себе́	PREP.	себе́

Се́верная Аме́рика NOUN

(geography) **North America** Вам понра́вилась Се́верная Аме́рика? *Did you like North America?*

NOM.	Се́верная Аме́рика
GEN.	Се́верной Аме́рики
DAT.	Се́верной Аме́рике
ACC.	Се́верную Аме́рику
INSTR.	Се́верной Аме́рикой
PREP.	Се́верной Аме́рике

сего́дня ADVERB

today У вас есть уро́ки сего́дня? *Do you have lessons today?*

⚠ Pronounced /сиво́дне/.

сейча́с ADVERB

now Сейча́с оди́ннадцать часо́в утра́. *It is eleven o'clock in the morning.* *(compare:* тепе́рь*)*

семна́дцать NUMBER

seventeen Я начала́ учи́ться в университе́те в семна́дцать лет. *I started to study at university at the age of seventeen.*

семь NUMBER

seven Семь – э́то счастли́вое число́. *Seven is a lucky number.*

се́мьдесят NUMBER
seventy Ба́бушке се́мьдесят лет. *My grandmother is seventy years old.*

семьсо́т NUMBER
seven hundred Биле́т на по́езд сто́ит семьсо́т рубле́й. *A train ticket costs seven hundred rubles.*

семья́ NOUN
family Где живёт ва́ша семья́? *Where does your family live?*

	SING.	PL.
NOM.	семья́	се́мьи
GEN.	семьи́	семе́й
DAT.	семье́	се́мьям
ACC.	семью́	се́мьи
INSTR.	семьёй	се́мьями
PREP.	семье́	се́мьях

сентя́брь NOUN, MASCULINE
September Куда́ вы е́здили в сентябре́? *Where did you go in September?*

	SING.	PL.
NOM.	сентя́брь	сентябри́
GEN.	сентября́	сентябре́й
DAT.	сентябрю́	сентября́м
ACC.	сентя́брь	сентябри́
INSTR.	сентябрём	сентября́ми
PREP.	сентябре́	сентября́х

Серге́й NOUN
(man's name) **Sergei** (nickname: **Серёжа** Seryozha)

Серёжа NOUN
(man's name) **Seryozha** (nickname of **Серге́й** Sergey)

се́рый ADJECTIVE
gray У О́льги се́рые глаза́. *Olga has gray eyes.*
M. се́рый   NT. се́рое
F. се́рая   PL. се́рые

серьёзный ADJECTIVE
serious Серге́й о́чень серьёзный челове́к. *Sergey is a very serious person.*
M. серьёзный   NT. серьёзное
F. серьёзная   PL. серьёзные

сестра́ NOUN
sister На́ша сестра́ живёт не в Росси́и, а во Фра́нции. *Our sister lives not in Russia but in France.* (antonym: брат)

	SING.	PL.
NOM.	сестра́	сёстры
GEN.	сестры́	сестёр
DAT.	сестре́	сёстрам
ACC.	сестру́	сестёр
INSTR.	сестро́й	сёстрами
PREP.	сестре́	сёстрах

сиде́ть IMPERFECTIVE VERB
sit Ско́лько вре́мени мы должны́ сиде́ть здесь? *How long will we have to sit here?* (perfective verb: посиде́ть)

PRES.	я сижу́	мы сиди́м
	ты сиди́шь	вы сиди́те
	он сиди́т	они́ сидя́т
PAST	M. сиде́л	NT. сиде́ло
	F. сиде́ла	PL. сиде́ли

си́льный ADJECTIVE
strong Все зна́ют, что Ви́ктор о́чень си́льный. *Everyone knows that Victor is very strong.*
M. си́льный   NT. си́льное
F. си́льная   PL. си́льные

сино́ним NOUN
(grammar) **synonym**

си́нтаксис NOUN
(grammar) **syntax**

Си́рия NOUN
(geography) **Syria** Где нахо́дится Си́рия? *Where is Syria located?*

NOM.	Си́рия	ACC.	Си́рию
GEN.	Си́рии	INSTR.	Си́рией
DAT.	Си́рии	PREP.	Си́рии

сказа́ть PERFECTIVE VERB

❶ **say** Что ты сказа́л? Повтори́, пожа́луйста. *What did you say? Please repeat.*

❷ **tell** Ты до́лжен сказа́ть ей, что лю́бишь её. *You have to tell her that you love her.*

(*imperfective verb:* говори́ть)

FUT.	я скажу́		мы ска́жем
	ты ска́жешь		вы ска́жете
	он ска́жет		они́ ска́жут
PAST	M. сказа́л		NT. сказа́ло
	F. сказа́ла		PL. сказа́ли
IMPER.	SG. скажи́		PL. скажи́те

ско́лько ADVERB

how Ско́лько челове́к у вас в гру́ппе? *How many people are there in your group?*

ско́ро ADVERB

soon Ско́ро мы бу́дем до́ма. *Soon we'll be home.*

сле́ва ADVERB

on the left Сле́ва от шко́лы нахо́дится музе́й. *To the left of the school is a museum.*

(*antonym:* спра́ва)

сле́дующий ADJECTIVE

next, following В сле́дующий раз мы пое́дем во Фра́нцию. *Next time, we will go to France.*

	M. сле́дующий		NT. сле́дующее
	F. сле́дующая		PL. сле́дующие

слова́рь NOUN, MASCULINE

dictionary Вы взя́ли слова́рь на уро́к? *Did you take a dictionary to the lesson?*

	SING.	PL.
NOM.	слова́рь	словари́
GEN.	словаря́	словаре́й
DAT.	словарю́	словаря́м
ACC.	слова́рь	словари́
INSTR.	словарём	словаря́ми
PREP.	словаре́	словаря́х

сло́во NOUN

word Вы должны́ запо́мнить э́то сло́во. *You must memorize this word.*

	SING.	PL.
NOM.	сло́во	слова́
GEN.	сло́ва	слов
DAT.	сло́ву	слова́м
ACC.	сло́во	слова́
INSTR.	сло́вом	слова́ми
PREP.	сло́ве	слова́х

слог NOUN

(*grammar*) **syllable**

сло́жное предложе́ние NOUN

(*grammar*) **compound sentence, complex sentence**

слу́шать IMPERFECTIVE VERB

listen (to) Вы ча́сто слу́шаете му́зыку? *Do you often listen to music?*

PRES.	я слу́шаю		мы слу́шаем
	ты слу́шаешь		вы слу́шаете
	он слу́шает		они́ слу́шают
PAST	M. слу́шал		NT. слу́шало
	F. слу́шала		PL. слу́шали
IMPER.	SG. слу́шай		PL. слу́шайте

сме́лый ADJECTIVE

bold, brave Брат Еле́ны о́чень сме́лый. *Elena's brother is very brave.*

	M. сме́лый		NT. сме́лое
	F. сме́лая		PL. сме́лые

смотре́ть IMPERFECTIVE VERB

❶ **watch** Ве́чером вы бу́дете смотре́ть телеви́зор? *In the evening, will you be watching TV?*

❷ *(+ на + accusative case)* **look at** Почему́ ты так смо́тришь на меня́? *Why are you looking at me like that?*
(perfective verb: посмотре́ть*)*
(compare: ви́деть*)*

PRES.	я смотрю́		мы смо́трим
	ты смо́тришь		вы смо́трите
	он смо́трит		они́ смо́трят
PAST	M. смотре́л		NT. смотре́ло
	F. смотре́ла		PL. смотре́ли
IMPER.	SG. смотри́		PL. смотри́те

смочь PERFECTIVE VERB

❶ *(future)* **will be able to** Я ду́маю, что вы смо́жете вы́учить пе́сню. *I think you can learn a song.*

❷ *(past)* **was able to**, **managed to** Извини́те, я не смог зако́нчить рабо́ту в пя́тницу. *Sorry, I wasn't able to finish the work on Friday.*
(imperfective verb: мочь*)*

FUT.	я смогу́		мы смо́жем
	ты смо́жешь		вы смо́жете
	он смо́жет		они́ смо́гут
PAST	M. смог		NT. смогло́
	F. смогла́		PL. смогли́

снача́ла ADVERB

at first, **at the beginning** Снача́ла мне не понра́вился её брат. *At first, I did not like her brother.*

снег NOUN

snow У вас мно́го сне́га зимо́й? *Do you have a lot of snow in the winter?*

	SING.	PL.
NOM.	снег	снега́
GEN.	сне́га	снего́в
DAT.	сне́гу	снега́м
ACC.	снег	снега́
INSTR.	сне́гом	снега́ми
PREP.	о сне́ге на снегу́	снега́х

со PREPOSITION *(see:* с*)*

соба́ка NOUN

dog Мне ну́жно гуля́ть с соба́кой два ра́за в день. *I need to walk the dog twice a day.*

	SING.	PL.
NOM.	соба́ка	соба́ки
GEN.	соба́ки	соба́к
DAT.	соба́ке	соба́кам
ACC.	соба́ку	соба́к
INSTR.	соба́кой	соба́ками
PREP.	соба́ке	соба́ках

собо́й PRONOUN *(see:* себя́*)*

соверше́нный вид (глаго́ла) NOUN

(grammar) **the perfective aspect (of a verb)**
⚠ The common abbreviation is CB.

совреме́нный ADJECTIVE

modern Вам нра́вится совреме́нная му́зыка? *Do you like modern music?*

M.	совреме́нный	NT.	...ме́нное
F.	совреме́нная	PL.	...ме́нные

согла́сен SHORT ADJECTIVE

in agreement Я согла́сен, что мы сде́лали рабо́ту пло́хо. Извини́те. *I agree that we have done the job badly. I'm sorry.*

согла́сный звук NOUN

(grammar) **consonant**

сок NOUN

juice Како́й сок ты лю́бишь? *What juice do you like?*

	SING.	PL.
NOM.	сок	со́ки
GEN.	со́ка	со́ков
DAT.	со́ку	со́кам
ACC.	сок	со́ки

	INSTR.	со́лнцем	со́лнцами
	PREP.	со́лнце	со́лнцах

со́лнце NOUN

sun Нельзя́ до́лго находи́ться на со́лнце. *You must not stay in the sun long.*
⚠ Pronounced /со́нцы/.

	SING.	PL.
NOM.	со́лнце	со́лнца
GEN.	со́лнца	солнц
DAT.	со́лнцу	со́лнцам
ACC.	со́лнце	со́лнца
INSTR.	со́лнцем	со́лнцами
PREP.	со́лнце	со́лнцах

соль NOUN, FEMININE

salt Да́йте мне соль, пожа́луйста. *Give me the salt, please.*

	SING.	PL.
NOM.	соль	со́ли
GEN.	со́ли	соле́й
DAT.	со́ли	соля́м
ACC.	соль	со́ли
INSTR.	со́лью	соля́ми
PREP.	со́ли	соля́х

со́рок NUMBER

forty Вам со́рок лет? *Are you forty years old?*

сосе́д NOUN

neighbor У вас хоро́шие сосе́ди? *Do you have good neighbors?*

	SING.	PL.
NOM.	сосе́д	сосе́ди
GEN.	сосе́да	сосе́дей
DAT.	сосе́ду	сосе́дям
ACC.	сосе́да	сосе́дей
INSTR.	сосе́дом	сосе́дями
PREP.	сосе́де	сосе́дях

сосе́дка NOUN

neighbor Здра́вствуйте! Я ва́ша но́вая сосе́дка. Очень прия́тно! *Hello! I'm your new neighbor. It's nice to meet you.*

	SING.	PL.
NOM.	сосе́дка	сосе́дки
GEN.	сосе́дки	сосе́док
DAT.	сосе́дке	сосе́дкам
ACC.	сосе́дку	сосе́док
INSTR.	сосе́дкой	сосе́дками
PREP.	сосе́дке	сосе́дках

сою́з NOUN

(grammar) **conjunction**

спаси́бо PARTICLE

thank you – Счастли́вого пути́! – Спаси́бо! *Have a nice trip! – Thank you!*

спать IMPERFECTIVE VERB

sleep Я о́чень хочу́ спать. *I really want to sleep.*

PRES.	я сплю	мы спим
	ты спишь	вы спи́те
	он спит	они́ спят
PAST	M. спал	NT. спа́ло
	F. спала́	PL. спа́ли

споко́йно ADVERB

quietly, calmly Бори́с споко́йно сказа́л мне, что я сде́лала оши́бку. *Boris calmly told me that I made a mistake.*

споко́йный ADJECTIVE

quiet, calm Мне нра́вится споко́йная му́зыка. *I like quiet music.* Споко́йной но́чи! *Good night!*
⚠ Споко́йной is the feminine genitive declension of this adjective. You will learn about adjective case declensions at the A2 level.

M.	споко́йный	NT.	споко́йное
F.	споко́йная	PL.	споко́йные

спорт SINGULAR NOUN

sport Вы занима́етесь спо́ртом? *Do you exercise?*

NOM.	спорт	ACC.	спорт
GEN.	спо́рта	INSTR.	спо́ртом
DAT.	спо́рту	PREP.	спо́рте

спортсме́н NOUN

(male) **athlete** Ва́ши друзья́ – спортсме́ны? *Are your friends athletes?*

	SING.	PL.
NOM.	спортсме́н	спортсме́ны
GEN.	спортсме́на	спортсме́нов
DAT.	спортсме́ну	спортсме́нам
ACC.	спортсме́на	спортсме́нов
INSTR.	спортсме́ном	спортсме́нами
PREP.	спортсме́не	спортсме́нах

⚠ Pronounced /спартсмэ́н/.

спортсме́нка NOUN

(female) **athlete** Она́ изве́стная спортсме́нка. *She's a famous athlete.*

спра́ва ADVERB

on the right Спра́ва от поликли́ники нахо́дится кафе́. *To the right of the clinic is a café.* (antonym: сле́ва)

спра́шивать IMPERFECTIVE VERB

ask Вы всегда́ спра́шиваете о пого́де? *Do you always ask about the weather?* (antonym: отвеча́ть) (perfective verb: спроси́ть)

PRES.	я спра́шиваю		мы с…ваем
	ты спра́шиваешь		вы с…ваете
	он спра́шивает		они́ с…вают
PAST	M. спра́шивал		NT. …вало
	F. спра́шивала		PL. …вали

спроси́ть PERFECTIVE VERB

ask Когда́ он спроси́л обо мне? *When did he ask about me?* (antonym: отве́тить, antonym: отве́тить) (imperfective verb: спра́шивать)

FUT.	я спрошу́		мы спро́сим
	ты спро́сишь		вы спро́сите
	он спро́сит		они́ спро́сят
PAST	M. спроси́л		NT. спроси́ло
	F. спроси́ла		PL. спроси́ли

спряже́ние NOUN

(grammar) **conjugation**

среда́ NOUN

Wednesday Что вы де́лаете в сре́ду? *What are you doing on Wednesday?* **в сре́ду** *on Wednesday /* **по среда́м** *on Wednesdays*

	SING.	PL.
NOM.	среда́	сре́ды
GEN.	среды́	сред
DAT.	среде́	среда́м
ACC.	сре́ду	сре́ды
INSTR.	средо́й	среда́ми
PREP.	среде́	среда́х

сре́дний род NOUN

(grammar) **neuter gender**

стадио́н NOUN

stadium Я бу́ду ждать тебя́ на стадио́не. *I'll wait for you at the stadium.*

	SING.	PL.
NOM.	стадио́н	стадио́ны
GEN.	стадио́на	стадио́нов
DAT.	стадио́ну	стадио́нам
ACC.	стадио́н	стадио́ны
INSTR.	стадио́ном	стадио́нами
PREP.	стадио́не	стадио́нах

ста́нция NOUN

station Как называ́ется э́та ста́нция метро́? *What is this subway station called?*

	SING.	PL.
NOM.	ста́нция	ста́нции

GEN.	ста́нции	ста́нций
DAT.	ста́нции	ста́нциям
ACC.	ста́нцию	ста́нции
INSTR.	ста́нцией	ста́нциями
PREP.	ста́нции	ста́нциях

ста́рший ADJECTIVE

eldest, **oldest** Мой ста́рший сын у́чится в шко́ле. *My eldest son is studying in school.* (*antonym:* мла́дший)

- M. ста́рший NT. ста́ршее
- F. ста́ршая   PL. ста́ршие

ста́рый ADJECTIVE

❶ *(not new)* **old** У меня́ о́чень ста́рый телефо́н. *I have a very old phone.* (*antonym:* но́вый)

❷ *(not young)* **old** Его́ оте́ц ста́рый челове́к, и он ча́сто забыва́ет имена́ вну́ков. *His grandfather is an old man, and he often forgets his grandchildren's names.* (*antonym:* молодо́й)

- M. ста́рый NT. ста́рое
- F. ста́рая   PL. ста́рые

стать PERFECTIVE VERB

become Он хо́чет стать врачо́м. *He wants to become a doctor.* (*imperfective verb:* станови́ться)

FUT.	я ста́ну	мы ста́нем
	ты ста́нешь	вы ста́нете
	он ста́нет	они́ ста́нут
PAST	M. стал	NT. ста́ло
	F. ста́ла	PL. ста́ли

статья́ NOUN

article Вы прочита́ли статью́? *Have you read the article?*

	SING.	PL.
NOM.	статья́	статьи́
GEN.	статьи́	стате́й
DAT.	статье́	статья́м
ACC.	статью́	статьи́
INSTR.	статьёй	статья́ми
PREP.	статье́	статья́х

стена́ NOUN

wall Что вы ви́дите на стене́? *What do you see on the wall?*

	SING.	PL.
NOM.	стена́	сте́ны
GEN.	стены́	стен
DAT.	стене́	сте́нам
ACC.	сте́ну	сте́ны
INSTR.	стено́й	сте́нами
PREP.	стене́	сте́нах

сто NUMBER

hundred Приве́т! Я не ви́дел тебя́ сто лет! *Hello! I have not seen you in a hundred years!*

сто́ить IMPERFECTIVE VERB

cost Ско́лько сто́ит кварти́ра в Москве́? *How much is an apartment in Moscow?*

PRES.	я сто́ю	мы сто́им
	ты сто́ишь	вы сто́ите
	он сто́ит	они́ сто́ят
PAST	M. сто́ил	NT. сто́ило
	F. сто́ила	PL. сто́или

стол NOUN

table Твои́ ключи́ на столе́. *Your keys are on the table.*

	SING.	PL.
NOM.	стол	столы́
GEN.	стола́	столо́в
DAT.	столу́	стола́м
ACC.	стол	столы́
INSTR.	столо́м	стола́ми
PREP.	столе́	стола́х

столи́ца NOUN

capital Москва́ – столи́ца Росси́и. *Moscow is the capital of Russia.*

	SING.	PL.
NOM.	столи́ца	столи́цы
GEN.	столи́цы	столи́ц

	SING.	PL.
DAT.	столи́це	столи́цам
ACC.	столи́цу	столи́цы
INSTR.	столи́цей	столи́цами
PREP.	столи́це	столи́цах

столо́вая NOUN

canteen, **dining hall** У вас на рабо́те есть столо́вая? *Do you have a canteen at work?*

	SING.	PL.
NOM.	столо́вая	столо́вые
GEN.	столо́вой	столо́вых
DAT.	столо́вой	столо́вым
ACC.	столо́вую	столо́вые
INSTR.	столо́вой	столо́выми
PREP.	столо́вой	столо́вых

стоя́ть IMPERFECTIVE VERB

❶ **stand** Он стоя́л у вхо́да и ждал её. *He stood at the entrance and waited for her.*
❷ **be** Твоя́ ча́шка стои́т на столе́ в ко́мнате. *Your cup is on the table in the room.*

PRES.	я стою́	мы стои́м
	ты стои́шь	вы стои́те
	он стои́т	они́ стоя́т
PAST	M. стоя́л	NT. стоя́ло
	F. стоя́ла	PL. стоя́ли

страна́ NOUN

country Каки́е стра́ны нахо́дятся на ю́ге Евро́пы? *Which countries are located in southern Europe?* (*synonym:* госуда́рство)

	SING.	PL.
NOM.	страна́	стра́ны
GEN.	страны́	стран
DAT.	стране́	стра́нам
ACC.	страну́	стра́ны
INSTR.	страно́й	стра́нами
PREP.	стране́	стра́нах

страни́ца NOUN

page Сего́дня мы бу́дем чита́ть текст на страни́це пятна́дцать. *Today we will be reading the text on page fifteen.*

	SING.	PL.
NOM.	страни́ца	страни́цы
GEN.	страни́цы	страни́ц
DAT.	страни́це	страни́цам
ACC.	страни́цу	страни́цы
INSTR.	страни́цей	страни́цами
PREP.	страни́це	страни́цах

стро́ить IMPERFECTIVE VERB

build Мой оте́ц стро́ит дом. *My father is building a house.* (*perfective verb:* постро́ить)

PRES.	я стро́ю	мы стро́им
	ты стро́ишь	вы стро́ите
	он стро́ит	они́ стро́ят
PAST	M. стро́ил	NT. стро́ило
	F. стро́ила	PL. стро́или

студе́нт NOUN

student Ско́лько у вас студе́нтов? *How many students do you have?*

⚠ Студе́нт is a student at the college/university level. (*compare:* учени́к)

	SING.	PL.
NOM.	студе́нт	студе́нты
GEN.	студе́нта	студе́нтов
DAT.	студе́нту	студе́нтам
ACC.	студе́нта	студе́нтов
INSTR.	студе́нтом	студе́нтами
PREP.	студе́нте	студе́нтах

студе́нтка NOUN

student У нас в гру́ппе то́лько три студе́нтки. *There are only three female students in our group.*

	SING.	PL.
NOM.	студе́нтка	студе́нтки
GEN.	студе́нтки	студе́нток
DAT.	студе́нтке	студе́нткам
ACC.	студе́нтку	студе́нток
INSTR.	студе́нткой	студе́нтками

PREP. студе́нтке студе́нтках

студе́нческий ADJECTIVE
student- Ты уже́ получи́л студе́нческий биле́т? *Did you get your student card?*
  M. студе́нческий NT. студе́нческое
  F. студе́нческая PL. студе́нческие

стул NOUN
chair Я могу́ взять стул? *Can I take a chair?*

	SING.	PL.
NOM.	стул	сту́лья
GEN.	сту́ла	сту́льев
DAT.	сту́лу	сту́льям
ACC.	стул	сту́лья
INSTR.	сту́лом	сту́льями
PREP.	сту́ле	сту́льях

суббо́та NOUN
Saturday В суббо́ту мы е́дем в музе́й. *On Saturday we're going to the museum.* **в суббо́ту** *on Saturday* / **по суббо́там** *on Saturdays*

	SING.	PL.
NOM.	суббо́та	суббо́ты
GEN.	суббо́ты	суббо́т
DAT.	суббо́те	суббо́там
ACC.	суббо́ту	суббо́ты
INSTR.	суббо́той	суббо́тами
PREP.	суббо́те	суббо́тах

сувени́р NOUN
souvenir Мне ну́жно купи́ть сувени́ры для роди́телей и друзе́й. *I need to buy gifts for my parents and friends.*

	SING.	PL.
NOM.	сувени́р	сувени́ры
GEN.	сувени́ра	сувени́ров
DAT.	сувени́ру	сувени́рам
ACC.	сувени́р	сувени́ры
INSTR.	сувени́ром	сувени́рами
PREP.	сувени́ре	сувени́рах

су́мка NOUN
bag Я забы́ла су́мку до́ма. *I forgot my bag at home.*

	SING.	PL.
NOM.	су́мка	су́мки
GEN.	су́мки	су́мок
DAT.	су́мке	су́мкам
ACC.	су́мку	су́мки
INSTR.	су́мкой	су́мками
PREP.	су́мке	су́мках

суп NOUN
soup Како́й ваш люби́мый суп? *What is your favorite soup?*

	SING.	PL.
NOM.	суп	супы́
GEN.	су́па	супо́в
DAT.	су́пу	супа́м
ACC.	суп	супы́
INSTR.	су́пом	супа́ми
PREP.	су́пе	супа́х

су́ффикс NOUN
(grammar) **suffix**

счастли́вый ADJECTIVE
❶ **happy** Я о́чень счастли́вый челове́к. *I'm a very happy person.* Счастли́вого пути́! *Have a nice trip!*
❷ **lucky** Трина́дцать – э́то счастли́вое число́ для тебя́? *Is thirteen a lucky number for you?* Ты живёшь у мо́ря. Ты счастли́вый челове́к! *You live by the sea. You're lucky!*
⚠ Pronounced /щисли́вый/. Счастли́вого is the masculine genitive declension of this adjective. You will learn about adjective case declensions at the A2 level.
  M. счастли́вый NT. счастли́вое
  F. счастли́вая PL. счастли́вые

сча́стье SINGULAR NOUN

happiness Что тако́е сча́стье? *What is happiness?*

⚠ Pronounced /ща́стьи/.

NOM.	сча́стье	ACC.	сча́стье
GEN.	сча́стья	INSTR.	сча́стьем
DAT.	сча́стью	PREP.	сча́стье

съесть PERFECTIVE VERB

eat Сего́дня я съе́ла два я́блока. *Today I ate two apples.* (*imperfective verb:* есть)

FUT.	я съем		мы съеди́м
	ты съешь		вы съеди́те
	он съест		они́ съедя́т
PAST	M. съел	NT.	съе́ло
	F. съе́ла	PL.	съе́ли

сын NOUN

son Как зову́т сы́на Ка́ти? *What is Katya's son's name?* (*antonym:* дочь)

	SING.	PL.
NOM.	сын	сыновья́
GEN.	сы́на	сынове́й
DAT.	сы́ну	сыновья́м
ACC.	сы́на	сынове́й
INSTR.	сы́ном	сыновья́ми
PREP.	сы́не	сыновья́х

сыр NOUN

cheese Я люблю́ есть сыр с ко́фе. *I love to eat cheese with coffee.*

	SING.	PL.
NOM.	сыр	сыры́
GEN.	сы́ра	сыро́в
DAT.	сы́ру	сыра́м
ACC.	сыр	сыры́
INSTR.	сы́ром	сыра́ми
PREP.	сы́ре	сыра́х

сюда́ ADVERB

(to) here Когда́ вы прие́хали сюда́, в Росси́ю? *When did you come here, to Russia?* (*antonym:* туда́)

Тт *Tm* 𝒯𝓂

Таила́нд NOUN
(geography) **Thailand** Я живу́ в Таила́нде пять лет. *I've been living in Thailand for five years.*
NOM.	Таила́нд	ACC.	Таила́нд
GEN.	Таила́нда	INSTR.	Таила́ндом
DAT.	Таила́нду	PREP.	Таила́нде

так ADVERB
so, **like this** Почему́ ты так ра́но поза́втракал? *Why did you have breakfast so early?*

такси́ INDECLINABLE NOUN, NEUTER
taxi Вы прие́дете на такси́? *Will you arrive in a taxi?*
⚠ Такси́ is indeclinable. It does not change form for case or number.

	SING.	PL.
NOM.	такси́	такси́
GEN.	такси́	такси́
DAT.	такси́	такси́
ACC.	такси́	такси́
INSTR.	такси́	такси́
PREP.	такси́	такси́

тала́нтливый ADJECTIVE
talented Все зна́ют, что Михаи́л – тала́нтливый музыка́нт. *Everyone knows that Michael is a talented musician.*
M.	тала́нтливый	NT.	тала́нтливое
F.	тала́нтливая	PL.	тала́нтливые

там ADVERB
there Же́ня в па́рке. Ната́ша то́же сейча́с там. *Zhenya is at the park. Natasha is there now too.* (*antonym:* здесь, тут)

Тама́ра NOUN
(woman's name) **Tamara**
(*nickname:* **То́ма** Toma)

танцева́ть IMPERFECTIVE VERB
dance По суббо́там они́ танцу́ют в клу́бе. *On Saturdays, they dance at the club.*
PRES.	я танцу́ю		мы танцу́ем
	ты танцу́ешь		вы танцу́ете
	он танцу́ет		они́ танцу́ют
PAST	M. танцева́л	NT.	танцева́ло
	F. танцева́ла	PL.	танцева́ли

Та́ня NOUN
(woman's name) **Tanya**
(*nickname of* **Татья́на** Tatyana)

Татья́на NOUN
(woman's name) **Tatyana**
(*nickname:* **Та́ня** Tanya)

твёрдый согла́сный звук NOUN
(grammar) **hard consonant**

твой PRONOUN, POSSESSIVE
your Где живу́т твои́ роди́тели? *Where do your parents live?*
M.	твой	NT.	твоё
F.	твоя́	PL.	твои́

твори́тельный паде́ж NOUN
(grammar) **instrumental case**

теа́тр NOUN
theater Мы ча́сто хо́дим в теа́тр. *We often go to the theater.*

	SING.	PL.
NOM.	теа́тр	теа́тры
GEN.	теа́тра	теа́тров
DAT.	теа́тру	теа́трам
ACC.	теа́тр	теа́тры
INSTR.	теа́тром	теа́трами
PREP.	теа́тре	теа́трах

тебе́ PRONOUN, DATIVE CASE, PREPOSITIONAL CASE

❶ DATIVE CASE **(to) you** Ско́лько тебе́ лет? *How old are you?* За́втра я дам тебе́ отве́т. *I'll give you an answer tomorrow.*
❷ PREPOSITIONAL CASE **you о тебе́ about you** Я всегда́ ду́маю о тебе́. *I always think of you.* (see also: ты)

тебя́ PRONOUN, GENITIVE CASE, ACCUSATIVE CASE

❶ GENITIVE CASE **you** У тебя́ есть росси́йский па́спорт? *Do you have a Russian passport?*
❷ ACCUSATIVE CASE **you** Я ви́жу тебя́ на рабо́те ка́ждый день. *I see you at work every day.* (see also: ты)

текст NOUN

text Я не могу́ поня́ть э́тот текст. *I cannot understand this text.*

	SING.	PL.
NOM.	текст	те́ксты
GEN.	те́кста	те́кстов
DAT.	те́ксту	те́кстам
ACC.	текст	те́ксты
INSTR.	те́кстом	те́кстами
PREP.	те́ксте	те́кстах

телеви́зор NOUN

TV У нас есть ма́ленький телеви́зор на ку́хне. *We have a small television in the kitchen.*

	SING.	PL.
NOM.	телеви́зор	телеви́зоры
GEN.	телеви́зора	телеви́зоров
DAT.	телеви́зору	телеви́зорам
ACC.	телеви́зор	телеви́зоры
INSTR.	телеви́зором	телеви́зорами
PREP.	телеви́зоре	телеви́зорах

телегра́мма NOUN

telegram Когда́ вы получи́ли телегра́мму от ма́мы? *When did you receive a telegram from your mother?*

	SING.	PL.
NOM.	телегра́мма	телегра́ммы
GEN.	телегра́ммы	телегра́мм
DAT.	телегра́мме	телегра́ммам
ACC.	телегра́мму	телегра́ммы
INSTR.	телегра́ммой	телегра́ммами
PREP.	телегра́мме	телегра́ммах

телепереда́ча NOUN

television broadcast Мне не нра́вится э́та телепереда́ча. *I do not like this TV show.*

	SING.	PL.
NOM.	телепереда́ча	...переда́чи
GEN.	телепереда́чи	...переда́ч
DAT.	телепереда́че	...переда́чам
ACC.	телепереда́чу	...переда́чи
INSTR.	телепереда́чей	...переда́чами
PREP.	телепереда́че	...переда́чах

телефо́н NOUN

phone Да́йте ваш но́мер телефо́на, пожа́луйста. *Give your phone number, please.*

	SING.	PL.
NOM.	телефо́н	телефо́ны
GEN.	телефо́на	телефо́нов
DAT.	телефо́ну	телефо́нам
ACC.	телефо́н	телефо́ны
INSTR.	телефо́ном	телефо́нами
PREP.	телефо́не	телефо́нах

температу́ра NOUN

temperature Кака́я сего́дня температу́ра на у́лице? *What is the temperature outside today?*

	SING.	PL.
NOM.	температу́ра	температу́ры
GEN.	температу́ры	температу́р
DAT.	температу́ре	температу́рам
ACC.	температу́ру	температу́ры
INSTR.	температу́рой	температу́рами
PREP.	температу́ре	температу́рах

те́ннис SINGULAR NOUN
tennis Ра́ньше я ча́сто игра́л в те́ннис. *I used to play tennis a lot.*

NOM.	те́ннис	ACC.	те́ннис
GEN.	те́нниса	INSTR.	те́ннисом
DAT.	те́ннису	PREP.	те́ннисе

тепе́рь ADVERB
now Ра́ньше у нас была́ одна́ ко́шка, а тепе́рь две. *We used to have one cat, but now we have two.* (*antonym:* ра́ньше)
⚠ Тепе́рь is used to contrast with the past, as in the example above. (*compare:* сейча́с)

тепло́ PREDICATIVE ADJECTIVE
it is warm На у́лице о́чень тепло́ сего́дня. *It is very warm out today.* (*antonym:* хо́лодно)

те́рмин NOUN
(grammar) **term**

тетра́дь NOUN, FEMININE
notebook Где ва́ша тетра́дь? *Where is your notebook?*

	SING.	PL.
NOM.	тетра́дь	тетра́ди
GEN.	тетра́ди	тетра́дей
DAT.	тетра́ди	тетра́дям
ACC.	тетра́дь	тетра́ди
INSTR.	тетра́дью	тетра́дями
PREP.	тетра́ди	тетра́дях

ти́ре NOUN
(grammar) **dash**

ти́хо ADVERB
quietly, **calmly** Почему́ ты говори́шь так ти́хо? *Why are you talking so quietly?* (*antonym:* гро́мко)

тобо́й PRONOUN, INSTRUMENTAL CASE
you с **тобо́й** *with you* Я не хочу́ говори́ть с тобо́й. *I do not want to talk with you.* (*see also:* ты)

това́рищ NOUN
comrade, **companion**, **friend** Соба́ка – мой това́рищ. *The dog is my companion.*

	SING.	PL.
NOM.	това́рищ	това́рищи
GEN.	това́рища	това́рищей
DAT.	това́рищу	това́рищам
ACC.	това́рища	това́рищей
INSTR.	това́рищем	това́рищами
PREP.	това́рище	това́рищах

то́же PARTICLE
also, **too**, **as well** – Сего́дня мы е́дем на приро́ду. – Да? Мы то́же! *Today we're going to the countryside. – Oh yeah? So are we!* (*compare:* ещё)

то́лько PARTICLE
only У меня́ есть то́лько пятьдеся́т рубле́й. *I only have fifty rubles.*

То́ма NOUN
(woman's name) **Toma** *(nickname of* **Тама́ра** Tamara*)*

то́чка NOUN
(grammar) **point**

трамва́й NOUN
tram Ты пое́дешь домо́й на трамва́е? *Are you going home on the tram?*

	SING.	PL.
NOM.	трамва́й	трамва́и
GEN.	трамва́я	трамва́ев
DAT.	трамва́ю	трамва́ям
ACC.	трамва́й	трамва́и
INSTR.	трамва́ем	трамва́ями
PREP.	трамва́е	трамва́ях

тра́нспорт SINGULAR NOUN
transport Како́й тра́нспорт есть у вас в го́роде? *What kind of transport do you have in the city?*

NOM.	тра́нспорт	ACC.	тра́нспорт
GEN.	тра́нспорта	INSTR.	тра́нспортом
DAT.	тра́нспорту	PREP.	тра́нспорте

три NUMBER

three У меня́ есть три сестры́. *I have three sisters.*
⚠ A noun following три is in the genitive singular case.

три́дцать NUMBER

thirty В декабре́ мне бу́дет три́дцать лет. *In December, I will be thirty years.*

трина́дцать NUMBER

thirteen Я написа́л сло́во трина́дцать раз, что́бы запо́мнить его́. *I wrote the word thirteen times to memorize it.*

три́ста NUMBER

three hundred У нас на факульте́те три́ста челове́к. *We have a faculty of three hundred people.*

тролле́йбус NOUN

trolley(bus) Я никогда́ не е́здила на тролле́йбусе. *I've never ridden the trolley.*

	SING.	PL.
NOM.	тролле́йбус	тролле́йбусы
GEN.	тролле́йбуса	тролле́йбусов
DAT.	тролле́йбусу	тролле́йбусам
ACC.	тролле́йбус	тролле́йбусы
INSTR.	тролле́йбусом	тролле́йбусами
PREP.	тролле́йбусе	тролле́йбусах

тру́дный ADJECTIVE

difficult Э́то тру́дный вопро́с для вас? *Is it a difficult question for you?* (antonym: лёгкий)

M.	тру́дный	NT.	тру́дное
F.	тру́дная	PL.	тру́дные

туда́ ADVERB

there – Когда́ они́ пое́дут в А́фрику? – Они́ пое́дут туда́ о́сенью. *When are they going to go to Africa? – They are going there in the fall.* (antonym: сюда́)

тури́ст NOUN

tourist В Санкт-Петербу́рге мно́го тури́стов зимо́й? *Are there a lot of tourists in St. Petersburg in the winter?*

	SING.	PL.
NOM.	тури́ст	тури́сты
GEN.	тури́ста	тури́стов
DAT.	тури́сту	тури́стам
ACC.	тури́ста	тури́стов
INSTR.	тури́стом	тури́стами
PREP.	тури́сте	тури́стах

тут ADVERB

here Ми́ша! Ты тут? *Misha! Are you here?* (synonym: здесь, antonym: там)

ты PRONOUN

❶ **you** Ты хо́чешь моро́женое? *Do you want ice cream?*

❷ **you are** Где ты? *Where are you?*

⚠ Ты is used to address one person with whom you are on informal terms—a friend, family member, child, animal, or God. (compare: вы)

ты́сяча NUMBER

thousand Ты́сяча рубле́й – э́то мно́го? *Is a thousand rubles a lot?*

Уу Уу *Уу*

у PREPOSITION

❶ *(+ genitive case)* **at, by** Стол стоит у окна. *The table is by the window.*

❷ *(у + possessor in genitive case)* **у __ (есть)** *(+ thing possessed in nominative case)* **have** У вас есть машина? *Do you have a car?* / **у __ нет** *(+ thing possessed in genitive case)* **not have** У меня нет времени. *I do not have time.*

⚠ Есть is not used when describing appearance: У меня зелёные глаза. *I have green eyes.*

увидеть PERFECTIVE VERB

see Я хочу увидеть море. *I want to see the sea.* (*imperfective verb:* видеть)

FUT.	я увижу	мы увидим
	ты увидишь	вы увидите
	он увидит	они увидят
PAST	M. увидел	NT. увидело
	F. увидела	PL. увидели

ударение NOUN

(grammar) **accent**

удовольствие NOUN

pleasure С удовольствием! *With pleasure!* – Вы не хотите пойти в кино с нами? – С удовольствием! *Would you like to go to the movies with us? – With pleasure!*

	SING.	PL.
NOM.	удовольствие	удовольствия
GEN.	удовольствия	удовольствий
DAT.	удовольствию	удовольствиям
ACC.	удовольствие	удовольствия
INSTR.	удовольствием	удовольствиями
PREP.	удовольствии	удовольствиях

уже PARTICLE

already Мы уже пришли из школы. *We have already gotten home from school.* (*antonym:* ещё не)

ужин NOUN

dinner Что у нас сегодня на ужин? *What are we having for dinner today?*

	SING.	PL.
NOM.	ужин	ужины
GEN.	ужина	ужинов
DAT.	ужину	ужинам
ACC.	ужин	ужины
INSTR.	ужином	ужинами
PREP.	ужине	ужинах

ужинать IMPERFECTIVE VERB

have dinner Во сколько вы обычно ужинаете? *What time do you usually have dinner?* (*perfective verb:* поужинать)

PRES.	я ужинаю	мы ужинаем
	ты ужинаешь	вы ужинаете
	он ужинает	они ужинают
PAST	M. ужинал	NT. ужинало
	F. ужинала	PL. ужинали

улица NOUN

❶ **street** Вы знаете, где находится улица Ленина? *You know, where Lenin Street is?*

❷ **на улице** **outside** – Где Таня? – Она на улице. *Where is Tanya? – She's outside.*

	SING.	PL.
NOM.	улица	улицы
GEN.	улицы	улиц
DAT.	улице	улицам
ACC.	улицу	улицы
INSTR.	улицей	улицами
PREP.	улице	улицах

умере́ть PERFECTIVE VERB
  die Её оте́ц у́мер почти́ четы́ре го́да наза́д. *Her father died almost four years ago.*
  (*antonym:* роди́ться)
  (*imperfective verb:* умира́ть)
FUT.	я умру́	мы умрём
	ты умрёшь	вы умрёте
	он умрёт	они́ умру́т
PAST	M. у́мер	NT. у́мерло
	F. умерла́	PL. у́мерли

у́мный ADJECTIVE
  clever Все мои́ студе́нты о́чень у́мные! *All of my students are very smart!*
M. у́мный	NT. у́мное
F. у́мная	PL. у́мные

университе́т NOUN
  university, **college** Ты у́чишься в университе́те? *Do you go to college?*
	SING.	PL.
NOM.	университе́т	университе́ты
GEN.	университе́та	университе́тов
DAT.	университе́ту	университе́там
ACC.	университе́т	университе́ты
INSTR.	университе́том	университе́тами
PREP.	университе́те	университе́тах

упражне́ние NOUN
  exercise Вы сде́лали все упражне́ния? *Have you done all the exercises?*
	SING.	PL.
NOM.	упражне́ние	упражне́ния
GEN.	упражне́ния	упражне́ний
DAT.	упражне́нию	упражне́ниям
ACC.	упражне́ние	упражне́ния
INSTR.	упражне́нием	упражне́ниями
PREP.	упражне́нии	упражне́ниях

уро́к NOUN
  lesson Что вы де́лали на уро́ке вчера́? *What were you doing in class yesterday?*
	SING.	PL.
NOM.	уро́к	уро́ки
GEN.	уро́ка	уро́ков
DAT.	уро́ку	уро́кам
ACC.	уро́к	уро́ки
INSTR.	уро́ком	уро́ками
PREP.	уро́ке	уро́ках

уста́ть PERFECTIVE VERB
  get tired Я хочу́ спать. Я о́чень уста́л. *I want to sleep. I am very tired.*
  (*imperfective verb:* устава́ть)
FUT.	я уста́ну	мы уста́нем
	ты уста́нешь	вы уста́нете
	он уста́нет	они́ уста́нут
PAST	M. уста́л	NT. уста́ло
	F. уста́ла	PL. уста́ли

утра́ ADVERB
  a.m., **in the morning** Я хожу́ на рабо́ту в во́семь часо́в утра́. *I go to work at eight in the morning.*
  ⚠ Утра́ is used for 5 a.m. - 11 a.m. (*compare:* дня, ве́чера, но́чи)

у́тро NOUN
  morning Како́е холо́дное у́тро! *What a cold morning!* До́брое у́тро! *Good morning!*
  (*antonym:* ве́чер)
	SING.	PL.
NOM.	у́тро	у́тра
GEN.	у́тра	утр
DAT.	у́тру	у́трам
ACC.	у́тро	у́тра
INSTR.	у́тром	у́трами
PREP.	у́тре	у́трах

у́тром ADVERB
  in the morning Я люблю́ занима́ться спо́ртом у́тром. *I love to exercise in the morning.*
  (*antonym:* ве́чером)

уче́бник NOUN
textbook, **manual** Ско́лько уче́бников вам ну́жно? *How many textbooks do you need?*

	SING.	PL.
NOM.	уче́бник	уче́бники
GEN.	уче́бника	уче́бников
DAT.	уче́бнику	уче́бникам
ACC.	уче́бник	уче́бники
INSTR.	уче́бником	уче́бниками
PREP.	уче́бнике	уче́бниках

учени́к NOUN
(male) **pupil**, **student** Ученики́ хорошо́ рабо́тали сего́дня на уро́ке. *The students worked hard in class today.*
⚠ Учени́к is a student at the primary/secondary level. (*compare:* студе́нт)

	SING.	PL.
NOM.	учени́к	ученики́
GEN.	ученика́	ученико́в
DAT.	ученику́	ученика́м
ACC.	ученика́	ученико́в
INSTR.	ученико́м	ученика́ми
PREP.	ученике́	ученика́х

учени́ца NOUN
(female) **pupil**, **student** Мари́на о́чень хоро́шая учени́ца. *Marina is a very good student.*

	SING.	PL.
NOM.	учени́ца	учени́цы
GEN.	учени́цы	учени́ц
DAT.	учени́це	учени́цам
ACC.	учени́цу	учени́ц
INSTR.	учени́цей	учени́цами
PREP.	учени́це	учени́цах

учёный NOUN
scientist Мой оте́ц – учёный. *My father is a scientist.*
⚠ This word is actually an adjective (being used as a noun), which is why its case endings are unlike those of other nouns. You will learn more about adjective case declensions at the A2 level.

	SING.	PL.
NOM.	учёный	учёные
GEN.	учёного	учёных
DAT.	учёному	учёным
ACC.	учёного	учёных
INSTR.	учёным	учёными
PREP.	учёном	учёных

учи́тель NOUN, MASCULINE
(male) **teacher** Их учи́тель испа́нец. *Their teacher is a Spaniard.* (*synonym:* преподава́тель)

	SING.	PL.
NOM.	учи́тель	учителя́
GEN.	учи́теля	учителе́й
DAT.	учи́телю	учителя́м
ACC.	учи́теля	учителе́й
INSTR.	учи́телем	учителя́ми
PREP.	учи́теле	учителя́х

учи́тельница NOUN
(female) **teacher** Ва́ша учи́тельница из А́нглии? *Is your teacher from England?* (*synonym:* преподава́тельница)

	SING.	PL.
NOM.	учи́тельница	…ницы
GEN.	учи́тельницы	…ниц
DAT.	учи́тельнице	…ницам
ACC.	учи́тельницу	…ниц
INSTR.	учи́тельницей	…ницами
PREP.	учи́тельнице	…ницах

учи́ть IMPERFECTIVE VERB
❶ **learn**, **study** Я учу́ ру́сский язы́к оди́н год. *I have been learning Russian for one year.*
❷ **teach** Вы у́чите то́лько дете́й? *Do you teach children only?*
(*perfective verb:* вы́учить)

PRES.	я учу́	мы у́чим
	ты у́чишь	вы у́чите
	он у́чит	они́ у́чат
PAST	M. учи́л	NT. учи́ло
	F. учи́ла	PL. учи́ли

учи́ться IMPERFECTIVE VERB

study, learn, go to school

Светла́на у́чится в Москве́.
Svetlana is studying in Moscow.

PRES.	я учу́сь	мы у́чимся
	ты у́чишься	вы у́читесь
	он у́чится	они́ у́чатся
PAST	M. учи́лся	NT. учи́лось
	F. учи́лась	PL. учи́лись

Фф Фф *Фф*

факульте́т NOUN
(university) department Я учу́сь на факульте́те исто́рии. *I study at the Faculty of History.*

	SING.	PL.
NOM.	факульте́т	факульте́ты
GEN.	факульте́та	факульте́тов
DAT.	факульте́ту	факульте́там
ACC.	факульте́т	факульте́ты
INSTR.	факульте́том	факульте́тами
PREP.	факульте́те	факульте́тах

фами́лия NOUN
last name, surname У меня́ италья́нская фами́лия. *I have an Italian surname.* **Моя́ фами́лия __.** *My last name is __.*
⚠ False friend! Фами́лия does not mean family. (compare: семья́)

	SING.	PL.
NOM.	фами́лия	фами́лии
GEN.	фами́лии	фами́лий
DAT.	фами́лии	фами́лиям
ACC.	фами́лию	фами́лии
INSTR.	фами́лией	фами́лиями
PREP.	фами́лии	фами́лиях

февра́ль NOUN, MASCULINE
February В феврале́ мы е́дем в А́зию. *In February, we are going to Asia.*

	SING.	PL.
NOM.	февра́ль	февра́ли
GEN.	февраля́	февра́лей
DAT.	февралю́	февраля́м
ACC.	февра́ль	февра́ли
INSTR.	февралём	февраля́ми
PREP.	феврале́	февраля́х

фи́зик NOUN
physicist Ты хо́чешь стать фи́зиком? *Do you want to become a physicist?*

	SING.	PL.
NOM.	фи́зик	фи́зики
GEN.	фи́зика	фи́зиков
DAT.	фи́зику	фи́зикам
ACC.	фи́зика	фи́зиков
INSTR.	фи́зиком	фи́зиками
PREP.	фи́зике	фи́зиках

фи́зика SINGULAR NOUN
physics Мне нра́вится изуча́ть фи́зику. *I like studying physics.*

NOM.	фи́зика	ACC.	фи́зику
GEN.	фи́зики	INSTR.	фи́зикой
DAT.	фи́зике	PREP.	фи́зике

фило́лог NOUN
philologist Фило́логи лю́бят литерату́ру. *Philologists love literature.*

	SING.	PL.
NOM.	фило́лог	фило́логи
GEN.	фило́лога	фило́логов
DAT.	фило́логу	фило́логам
ACC.	фило́лога	фило́логов
INSTR.	фило́логом	фило́логами
PREP.	фило́логе	фило́логах

филосо́ф NOUN
philosopher Он хо́чет быть филосо́фом. *He wants to be a philosopher.*

	SING.	PL.
NOM.	филосо́ф	филосо́фы
GEN.	филосо́фа	филосо́фов
DAT.	филосо́фу	филосо́фам
ACC.	филосо́фа	филосо́фов
INSTR.	филосо́фом	филосо́фами
PREP.	филосо́фе	филосо́фах

фильм NOUN

movie, **film** Какóй фильм вы хоти́те посмотрéть? *What movie do you want to watch?*

	SING.	PL.
NOM.	фильм	фи́льмы
GEN.	фи́льма	фи́льмов
DAT.	фи́льму	фи́льмам
ACC.	фильм	фи́льмы
INSTR.	фи́льмом	фи́льмами
PREP.	фи́льме	фи́льмах

Финля́ндия NOUN

(geography) **Finland** Мы чáсто éздим в Финля́ндию. *We often go to Finland.*

NOM.	Финля́ндия	ACC.	Финля́ндию
GEN.	Финля́ндии	INSTR.	Финля́ндией
DAT.	Финля́ндии	PREP.	Финля́ндии

фи́рма NOUN

firm Как назывáется их фи́рма? *What is the name of their company?*

	SING.	PL.
NOM.	фи́рма	фи́рмы
GEN.	фи́рмы	фирм
DAT.	фи́рме	фи́рмам
ACC.	фи́рму	фи́рмы
INSTR.	фи́рмой	фи́рмами
PREP.	фи́рме	фи́рмах

фонéтика NOUN

(grammar) **phonetics**

фотоаппарáт NOUN

camera Ты не забы́л фотоаппарáт? *You didn't forget the camera, did you?*

	SING.	PL.
NOM.	фотоаппарáт	...рáты
GEN.	фотоаппарáта	...рáтов
DAT.	фотоаппарáту	...рáтам
ACC.	фотоаппарáт	...рáты
INSTR.	фотоаппарáтом	...рáтами
PREP.	фотоаппарáте	...рáтах

фотографи́ровать
IMPERFECTIVE VERB

photograph, **take a picture** Я люблю́ фотографи́ровать приро́ду. *I like to photograph nature.*

(*perfective verb:* сфотографи́ровать)

PRES.	я фотографи́рую
	мы фотографи́руем
	ты фотографи́руешь
	вы фотографи́руете
	он фотографи́рует
	они́ фотографи́руют
PAST	M. фотографи́ровал
	F. фотографи́ровала
	NT. фотографи́ровало
	PL. фотографи́ровали

фотогрáфия NOUN

photo(graph) Где все вáши фотогрáфии? *Where are all of your photos?*

	SING.	PL.
NOM.	фотогрáфия	фотогрáфии
GEN.	фотогрáфии	фотогрáфий
DAT.	фотогрáфии	фотогрáфиям
ACC.	фотогрáфию	фотогрáфии
INSTR.	фотогрáфией	фотогрáфиями
PREP.	фотогрáфии	фотогрáфиях

фрáза NOUN

(grammar) **phrase** Э́то óчень трýдная фрáза. *This is a very difficult phrase.*

	SING.	PL.
NOM.	фрáза	фрáзы
GEN.	фрáзы	фраз
DAT.	фрáзе	фрáзам
ACC.	фрáзу	фрáзы
INSTR.	фрáзой	фрáзами
PREP.	фрáзе	фрáзах

Фрáнция NOUN

(geography) **France** Почемý вы не живёте во Фрáнции с

до́черью? *Why don't you live in France with your daughter?*

NOM.	Фра́нция	ACC.	Фра́нцию
GEN.	Фра́нции	INSTR.	Фра́нцией
DAT.	Фра́нции	PREP.	Фра́нции

францу́женка NOUN

Frenchwoman Эта францу́женка прие́хала из Пари́жа. *This Frenchwoman came from Paris.*

	SING.	PL.
NOM.	францу́женка	францу́женки
GEN.	францу́женки	францу́женок
DAT.	францу́женке	францу́женкам
ACC.	францу́женку	францу́женок
INSTR.	францу́женкой	францу́женками
PREP.	францу́женке	францу́женках

францу́з NOUN

Frenchman Францу́зы лю́бят пить вино́. *The French like to drink wine.*

	SING.	PL.
NOM.	францу́з	францу́зы
GEN.	францу́за	францу́зов
DAT.	францу́зу	францу́зам
ACC.	францу́за	францу́зов
INSTR.	францу́зом	францу́зами
PREP.	францу́зе	францу́зах

францу́зский ADJECTIVE

French Вам нра́вится францу́зский язы́к? *Do you like the French language?* (see note: америка́нский)

M.	францу́зский	NT.	францу́зское
F.	францу́зская	PL.	францу́зские

фрукт NOUN

fruit Како́й твой люби́мый фрукт? *What is your favorite fruit?*

	SING.	PL.
NOM.	фрукт	фру́кты
GEN.	фру́кта	фру́ктов
DAT.	фру́кту	фру́ктам
ACC.	фрукт	фру́кты
INSTR.	фру́ктом	фру́ктами
PREP.	фру́кте	фру́ктах

футбо́л SINGULAR NOUN

soccer Вы давно́ игра́ете в футбо́л? *Have you been playing soccer long?*

NOM.	футбо́л	ACC.	футбо́л
GEN.	футбо́ла	INSTR.	футбо́лом
DAT.	футбо́лу	PREP.	футбо́ле

футболи́ст NOUN

soccer player Вы зна́ете футболи́стов из Росси́и? *You know any soccer players from Russia?*

	SING.	PL.
NOM.	футболи́ст	футболи́сты
GEN.	футболи́ста	футболи́стов
DAT.	футболи́сту	футболи́стам
ACC.	футболи́ста	футболи́стов
INSTR.	футболи́стом	футболи́стами
PREP.	футболи́сте	футболи́стах

Xx *Xx* 𝒳𝓍

хара́ктер NOUN
character, **disposition**, **nature** У Макси́ма си́льный хара́ктер. *Maxim has a strong personality.*

	SING.	PL.
NOM.	хара́ктер	хара́ктеры
GEN.	хара́ктера	хара́ктеров
DAT.	хара́ктеру	хара́ктерам
ACC.	хара́ктер	хара́ктеры
INSTR.	хара́ктером	хара́ктерами
PREP.	хара́ктере	хара́ктерах

хи́мик NOUN
chemist Хи́мики и фи́зики – э́то учёные. *Chemists and physicists are scientists.*

	SING.	PL.
NOM.	хи́мик	хи́мики
GEN.	хи́мика	хи́миков
DAT.	хи́мику	хи́микам
ACC.	хи́мика	хи́миков
INSTR.	хи́миком	хи́миками
PREP.	хи́мике	хи́миках

хи́мия SINGULAR NOUN
chemistry У меня́ не́ было хи́мии в университе́те. *I did not take chemistry in college.*

NOM.	хи́мия	ACC.	хи́мию
GEN.	хи́мии	INSTR.	хи́мией
DAT.	хи́мии	PREP.	хи́мии

хлеб SINGULAR NOUN
bread Вы еди́те бе́лый хлеб? *Do you eat white bread?*

NOM.	хлеб	ACC.	хлеб
GEN.	хле́ба	INSTR.	хле́бом
DAT.	хле́бу	PREP.	хле́бе

ходи́ть IMPERFECTIVE VERB, MULTIDIRECTIONAL
go, **walk** Вы хо́дите в парк ка́ждый день? *Do you go to the park every day?*

PRES.	я хожу́	мы хо́дим
	ты хо́дишь	вы хо́дите
	он хо́дит	они́ хо́дят
PAST	M. ходи́л	NT. ходи́ло
	F. ходи́ла	PL. ходи́ли

хозя́ин NOUN
owner Хозя́ин фи́рмы америка́нец. *The owner of the company is American.*

	SING.	PL.
NOM.	хозя́ин	хозя́ева
GEN.	хозя́ина	хозя́ев
DAT.	хозя́ину	хозя́евам
ACC.	хозя́ина	хозя́ев
INSTR.	хозя́ином	хозя́евами
PREP.	хозя́ине	хозя́евах

хокке́й SINGULAR NOUN
hockey Наш сын игра́ет в хокке́й. *Our son plays hockey.*

NOM.	хокке́й	ACC.	хокке́й
GEN.	хокке́я	INSTR.	хокке́ем
DAT.	хокке́ю	PREP.	хокке́е

хо́лодно PREDICATIVE ADJECTIVE
it is cold Все зна́ют, что в Росси́и о́чень хо́лодно. *Everyone knows that it is very cold in Russia.* (antonym: тепло́)

хоро́ший ADJECTIVE
good У тебя́ хоро́ший телефо́н? *Do you have a good phone?* (antonym: плохо́й)

| M. | хоро́ший | NT. | хоро́шее |
| F. | хоро́шая | PL. | хоро́шие |

хорошо́ ADVERB
well, **fine** Ю́лия о́чень хорошо́ поёт. *Julia sings very well.*

(*antonym:* пло́хо)

хоте́ть IMPERFECTIVE VERB

want Вы хоти́те пое́хать в Росси́ю? *Do you want to go to Russia?*

(*perfective verb:* захоте́ть)

PRES.	я хочу́	мы хоти́м	
	ты хо́чешь	вы хоти́те	
	он хо́чет	они́ хотя́т	
PAST	M. хоте́л	NT. хоте́ло	
	F. хоте́ла	PL. хоте́ли	

худо́жник NOUN

artist У вас есть люби́мые италья́нские худо́жники? *Do you have any favorite Italian artists?*

	SING.	PL.
NOM.	худо́жник	худо́жники
GEN.	худо́жника	худо́жников
DAT.	худо́жнику	худо́жникам
ACC.	худо́жника	худо́жников
INSTR.	худо́жником	худо́жниками
PREP.	худо́жнике	худо́жниках

Цц Цц *Цц*

цвет NOUN

color Какой твой любимый цвет? *What's your favorite color?*

⚠ Do not confuse the plural цвета (colors) with the plural of цветок (flower): цветы.

	SING.	PL.
NOM.	цвет	цвета
GEN.	цвета	цветов
DAT.	цвету	цветам
ACC.	цвет	цвета
INSTR.	цветом	цветами
PREP.	цвете	цветах

цветок NOUN

flower Вчера Алексей подарил мне цветы. *Yesterday Alexey gave me flowers.*

⚠ Do not confuse the plural цветы (flowers) with the plural of цвет (color): цвета.

	SING.	PL.
NOM.	цветок	цветы
GEN.	цветка	цветов
DAT.	цветку	цветам
ACC.	цветок	цветы
INSTR.	цветком	цветами
PREP.	цветке	цветах

цена NOUN

price В Москве очень высокие цены. *The prices are very high in Moscow.*

	SING.	PL.
NOM.	цена	цены
GEN.	цены	цен
DAT.	цене	ценам
ACC.	цену	цены
INSTR.	ценой	ценами
PREP.	цене	ценах

центр NOUN

center Мы с друзьями живём в центре Москвы. *My friends and I live in the center of Moscow.*

	SING.	PL.
NOM.	центр	центры
GEN.	центра	центров
DAT.	центру	центрам
ACC.	центр	центры
INSTR.	центром	центрами
PREP.	центре	центрах

цирк NOUN

circus Все дети любят цирк. *All children love the circus.*

	SING.	PL.
NOM.	цирк	цирки
GEN.	цирка	цирков
DAT.	цирку	циркам
ACC.	цирк	цирки
INSTR.	цирком	цирками
PREP.	цирке	цирках

цифра NOUN

number, **numeral**, **figure** Какая твоя любимая цифра? *What's your favorite number?*

	SING.	PL.
NOM.	цифра	цифры
GEN.	цифры	цифр
DAT.	цифре	цифрам
ACC.	цифру	цифры
INSTR.	цифрой	цифрами
PREP.	цифре	цифрах

Чч Чч *Чч*

чай NOUN
tea Иногда́ я пью чёрный чай. *I drink black tea sometimes.*

	SING.	PL.
NOM.	чай	чай
GEN.	ча́я	чаёв
DAT.	ча́ю	ча́ям
ACC.	чай	чай
INSTR.	ча́ем	чая́ми
PREP.	ча́е	чая́х

ча́йник NOUN
kettle Осторо́жно! Ча́йник о́чень горя́чий! *Careful! The kettle is very hot!*

	SING.	PL.
NOM.	ча́йник	ча́йники
GEN.	ча́йника	ча́йников
DAT.	ча́йнику	ча́йникам
ACC.	ча́йник	ча́йники
INSTR.	ча́йником	ча́йниками
PREP.	ча́йнике	ча́йниках

час NOUN
❶ **hour** Я гуля́л два часа́. *I walked for two hours.*
❷ **o'clock** Сейча́с __ часа́/часо́в. *It's __ o'clock.* / в __ часа́/часо́в *at __ o'clock* (compare: часы́)

⚠ The genitive singular declension часа́ is used after the numbers 2-4. After 5-12, the genitive plural часо́в. *One o'clock* is simply expressed as час without a number.

	SING.	PL.
NOM.	час	часы́
GEN.	ча́са	часо́в
DAT.	ча́су	часа́м
ACC.	час	часы́
INSTR.	ча́сом	часа́ми
PREP.	ча́се	часа́х

ча́сто ADVERB
often Мы ча́сто е́здим в Евро́пу. *We often go to Europe.* (*antonym*: ре́дко)

часть ре́чи NOUN
(*grammar*) **part of speech**

часы́ PLURAL NOUN
clock, watch Где вы купи́ли свои́ часы́? *Where did you buy your watch?*
⚠ Часы́ is always plural.

NOM.	часы́	ACC.	часы́
GEN.	часо́в	INSTR.	часа́ми
DAT.	часа́м	PREP.	часа́х

ча́шка NOUN
cup Мне нужна́ но́вая ча́шка. *I need a new cup.*

	SING.	PL.
NOM.	ча́шка	ча́шки
GEN.	ча́шки	ча́шек
DAT.	ча́шке	ча́шкам
ACC.	ча́шку	ча́шки
INSTR.	ча́шкой	ча́шками
PREP.	ча́шке	ча́шках

чей PRONOUN, POSSESSIVE
whose Чей э́то уче́бник? *Whose is this textbook?*
M. чей NT. чьё F. чья PL. чьи

челове́к NOUN
person, human Ваш оте́ц о́чень хоро́ший челове́к! *Your father is a very good person!* (*see also*: лю́ди)
⚠ Notice that the plural forms are unrelated to the singular.

	SING.	PL.
NOM.	челове́к	лю́ди
GEN.	челове́ка	люде́й
DAT.	челове́ку	лю́дям
ACC.	челове́ка	люде́й
INSTR.	челове́ком	людьми́
PREP.	челове́ке	лю́дях

чемпио́н NOUN

champion В ию́не мы ста́ли чемпио́нами Евро́пы по футбо́лу. *In June, we became the European soccer champions.*

	SING.	PL.
NOM.	чемпио́н	чемпио́ны
GEN.	чемпио́на	чемпио́нов
DAT.	чемпио́ну	чемпио́нам
ACC.	чемпио́на	чемпио́нов
INSTR.	чемпио́ном	чемпио́нами
PREP.	чемпио́не	чемпио́нах

чередова́ние NOUN

(grammar) **alternation**

чёрный ADJECTIVE

black Тебе́ нра́вится чёрный цвет? *You like the color black?* (*antonym:* бе́лый)

M.	чёрный	NT.	чёрное
F.	чёрная	PL.	чёрные

четве́рг NOUN

Thursday По четверга́м у меня́ обы́чно мно́го рабо́ты. *On Thursdays, I usually have a lot of work.* **в четве́рг** *on Thursday* / **по четверга́м** *on Thursdays*

	SING.	PL.
NOM.	четве́рг	четверги́
GEN.	четверга́	четверго́в
DAT.	четвергу́	четверга́м
ACC.	четве́рг	четверги́
INSTR.	четверго́м	четверга́ми
PREP.	четверге́	четверга́х

четы́ре NUMBER

four У нас четы́ре сы́на. *We have four sons.*

⚠ A noun following четы́ре is in the genitive singular case.

четы́реста NUMBER

four hundred Мне ну́жно четы́реста рубле́й. У тебя́ есть? *I need four hundred rubles. Do you have that?*

четы́рнадцать NUMBER

fourteen Я звони́л тебе́ четы́рнадцать раз! *I called you fourteen times!*

Че́хия NOUN

(geography) **the Czech Republic** Что вы купи́ли в Че́хии? *What did you buy in the Czech Republic?*

NOM.	Че́хия	ACC.	Че́хию
GEN.	Че́хии	INSTR.	Че́хией
DAT.	Че́хии	PREP.	Че́хии

числи́тельное NOUN

(grammar) **number**, **numeral**

число́ NUMBER

(grammar) **number** Трина́дцать – э́то счастли́вое число́ для тебя́? *Is thirteen a lucky number for you?*

чита́ть IMPERFECTIVE VERB

read Что вы лю́бите чита́ть? *What do you like to read?* (*perfective verb:* прочита́ть)

PRES.	я чита́ю	мы чита́ем
	ты чита́ешь	вы чита́ете
	он чита́ет	они́ чита́ют
PAST	M. чита́л	NT. чита́ло
	F. чита́ла	PL. чита́ли
IMPER.	SG. чита́й	PL. чита́йте

что PRONOUN, CONJUNCTION

❶ PRONOUN **what** Что вы хоти́те сказа́ть? *What do you want to say?*

❷ CONJUNCTION **that** Я не зна́ла, что

Ви́ктор уже́ прие́хал. *I did not know that Victor had already arrived.*
⚠ Pronounced /што/.

чу́вствовать IMPERFECTIVE VERB
feel – Как вы чу́вствуете себя́ сего́дня? – Спаси́бо, хорошо́. *How do you feel today? – Fine, thank you.*
(*perfective verb:* почу́вствовать)

⚠ Pronounced /чу́ствавать/.

PRES.	я чу́вствую	мы чу́вствуем
	ты чу́вствуешь	вы чу́вствуете
	он чу́вствует	они́ чу́вствуют
PAST	M. чу́вствовал	NT. чу́вствовало
	F. чу́вствовала	PL. чу́вствовали

Шш Шш *Шш*

ша́пка NOUN
beanie, **cap** Мне ну́жно купи́ть ша́пку. *I need to buy a cap.*

	SING.	PL.
NOM.	ша́пка	ша́пки
GEN.	ша́пки	ша́пок
DAT.	ша́пке	ша́пкам
ACC.	ша́пку	ша́пки
INSTR.	ша́пкой	ша́пками
PREP.	ша́пке	ша́пках

шарф NOUN
scarf У вас есть шарф? *Do you have a scarf?*

	SING.	PL.
NOM.	шарф	ша́рфы
GEN.	ша́рфа	ша́рфов
DAT.	ша́рфу	ша́рфам
ACC.	шарф	ша́рфы
INSTR.	ша́рфом	ша́рфами
PREP.	ша́рфе	ша́рфах

ша́хматы PLURAL NOUN
chess Я не игра́ю в ша́хматы. *I do not play chess.*

⚠ Ша́хматы is always plural.

NOM.	ша́хматы	ACC.	ша́хматы
GEN.	ша́хмат	INSTR.	ша́хматами
DAT.	ша́хматам	PREP.	ша́хматах

Швейца́рия NOUN
(geography) **Switzerland** Что вы зна́ете о Швейца́рии? *What do you know about Switzerland?*

NOM.	Швейца́рия	ACC.	Швейца́рию
GEN.	Швейца́рии	INSTR.	Швейца́рией
DAT.	Швейца́рии	PREP.	Швейца́рии

Шве́ция NOUN
(geography) **Sweden** Норве́гия и Шве́ция – сосе́ди. *Norway and Sweden are neighbors.*

NOM.	Шве́ция	ACC.	Шве́цию
GEN.	Шве́ции	INSTR.	Шве́цией
DAT.	Шве́ции	PREP.	Шве́ции

шестна́дцать NUMBER
sixteen У нас в гру́ппе шестна́дцать студе́нтов. *We have a group of sixteen students.*

шесть NUMBER
six Мы бы́ли в Герма́нии шесть лет наза́д. *We were in Germany six years ago.*

шестьдеся́т NUMBER
sixty Когда́ мне бу́дет шестьдеся́т лет, я не бу́ду рабо́тать. *When I'm sixty years old, I won't be working.*

шестьсо́т NUMBER
six hundred Мой телефо́н сто́ил шестьсо́т рубле́й пять лет наза́д. *My phone cost six hundred rubles five years ago.*

шкаф NOUN
cupboard, **cabinet**, **closet**, **wardrobe** Ва́ша оде́жда в шкафу́. *Your clothes are in the closet.*

	SING.	PL.
NOM.	шкаф	шкафы́
GEN.	шка́фа	шкафо́в
DAT.	шка́фу	шкафа́м
ACC.	шкаф	шкафы́
INSTR.	шка́фом	шкафа́ми
PREP.	о шка́фе / в шкафу́	шкафа́х

шко́ла NOUN
school Твоя́ шко́ла далеко́ от до́ма? *Is your school far from home?*

	SING.	PL.
NOM.	шко́ла	шко́лы
GEN.	шко́лы	школ
DAT.	шко́ле	шко́лам
ACC.	шко́лу	шко́лы
INSTR.	шко́лой	шко́лами
PREP.	шко́ле	шко́лах

шокола́д SINGULAR NOUN
chocolate Вы е́ли францу́зский шокола́д? *Have you eaten French chocolate?*

NOM.	шокола́д	ACC.	шокола́д
GEN.	шокола́да	INSTR.	шокола́дом
DAT.	шокола́ду	PREP.	шокола́де

Ээ Ээ *Ээ*

экза́мен NOUN
exam, **test** Когда́ у вас пе́рвый экза́мен? *When is your first exam?*

	SING.	PL.
NOM.	экза́мен	экза́мены
GEN.	экза́мена	экза́менов
DAT.	экза́мену	экза́менам
ACC.	экза́мен	экза́мены
INSTR.	экза́меном	экза́менами
PREP.	экза́мене	экза́менах

эконо́мика SINGULAR NOUN
❶ **economy** Что вы зна́ете об эконо́мике Росси́и? *What do you know about Russia's economy?*
❷ **economics** Я не понима́ю эконо́мику. *I do not understand economics.*

	SING.		
NOM.	эконо́мика	ACC.	эконо́мику
GEN.	эконо́мики	INSTR.	эконо́микой
DAT.	эконо́мике	PREP.	эконо́мике

экономи́ст NOUN
economist Моя́ ма́ма рабо́тает экономи́стом. *My mother works as an economist.*

	SING.	PL.
NOM.	экономи́ст	экономи́сты
GEN.	экономи́ста	экономи́стов
DAT.	экономи́сту	экономи́стам
ACC.	экономи́ста	экономи́стов
INSTR.	экономи́стом	экономи́стами
PREP.	экономи́сте	экономи́стах

экономи́ческий ADJECTIVE
economic Сейча́с у нас в стране́ экономи́ческие пробле́мы. *We have economic problems in the country now.*

| M. | экономи́ческий | NT. | ...ми́ческое |
| F. | экономи́ческая | PL. | ...ми́ческие |

экску́рсия NOUN
excursion, **trip** Вам понра́вилась экску́рсия в музе́й? *Did you like the trip to the museum?*

	SING.	PL.
NOM.	экску́рсия	экску́рсии
GEN.	экску́рсии	экску́рсий
DAT.	экску́рсии	экску́рсиям
ACC.	экску́рсию	экску́рсии
INSTR.	экску́рсией	экску́рсиями
PREP.	экску́рсии	экску́рсиях

экскурсово́д NOUN
guide Наш экскурсово́д говори́л по-ру́сски и по-кита́йски. *Our guide spoke Russian and Chinese.*

	SING.	PL.
NOM.	экскурсово́д	...во́ды
GEN.	экскурсово́да	...во́дов
DAT.	экскурсово́ду	...во́дам
ACC.	экскурсово́да	...во́дов
INSTR.	экскурсово́дом	...во́дами
PREP.	экскурсово́де	...во́дах

эта́ж NOUN
floor Извини́те, э́то пе́рвый эта́ж? *Excuse me, is this the first floor?*

	SING.	PL.
NOM.	эта́ж	этажи́
GEN.	этажа́	этаже́й
DAT.	этажу́	этажа́м
ACC.	эта́ж	этажи́
INSTR.	этажо́м	этажа́ми
PREP.	этаже́	этажа́х

э́то PRONOUN

❶ **this is…, these are…** Кто э́то? *Who is this?* Э́то мои́ друзья́. *These are my friends.*
⚠ When used as a subject, э́то is invariable for gender and number.

❷ NEUTER **this** Ты ви́дел э́то письмо́? *Have you seen this letter?* (*see also:* э́тот)

э́тот PRONOUN

(+ noun) **this** Мне нра́вится э́тот проспе́кт. *I like this avenue.*
⚠ This pronoun agrees in gender and number with the noun it precedes.
M. э́тот   NT. э́то   F. э́та   PL. э́ти

Эфио́пия NOUN

(geography) **Ethiopia** У вас в гру́ппе есть студе́нты из Эфио́пии? *Are there any students from Ethiopia in your group?*

NOM.	Эфио́пия	ACC.	Эфио́пию
GEN.	Эфио́пии	INSTR.	Эфио́пией
DAT.	Эфио́пии	PREP.	Эфио́пии

Ю ю

Ю́жная Аме́рика NOUN
(geography) **South America**
Ю́жная Аме́рика о́чень больша́я. *South America is very big.*

NOM.	Ю́жная Аме́рика
GEN.	Ю́жной Аме́рики
DAT.	Ю́жной Аме́рике
ACC.	Ю́жную Аме́рику
INSTR.	Ю́жной Аме́рикой
PREP.	Ю́жной Аме́рике

ю́мор SINGULAR NOUN
humor Вы понима́ете англи́йский ю́мор? *Do you understand English humor?*

NOM.	ю́мор	ACC.	ю́мор
GEN.	ю́мора	INSTR.	ю́мором
DAT.	ю́мору	PREP.	ю́море

Ю́ра NOUN
(man's name) **Yura** *(nickname of* Ю́рий Yuri*)*

Ю́рий NOUN
(man's name) **Yuri** *(nickname:* Ю́ра Yura*)*

юри́ст NOUN
lawyer По́сле университе́та я бу́ду рабо́тать юри́стом. *After college, I'm going to work as a lawyer.*

	SING.	PL.
NOM.	юри́ст	юри́сты
GEN.	юри́ста	юри́стов
DAT.	юри́сту	юри́стам
ACC.	юри́ста	юри́стов
INSTR.	юри́стом	юри́стами
PREP.	юри́сте	юри́стах

Яя Яя *Яя*

Я PRONOUN, NOMINATIVE CASE
- **I** Я не приду́ домо́й сего́дня. *I won't come home today.*
- **I am** Я студе́нтка, учу́сь в Санкт-Петербу́рге. *I'm a student. I study in Saint Petersburg.*

я́блоко NOUN
apple И́ра ест то́лько кра́сные я́блоки. *Ira only eats red apples.*

	SING.	PL.
NOM.	я́блоко	я́блоки
GEN.	я́блока	я́блок
DAT.	я́блоку	я́блокам
ACC.	я́блоко	я́блоки
INSTR.	я́блоком	я́блоками
PREP.	я́блоке	я́блоках

язы́к NOUN
language Како́й язы́к вам нра́вится? *What language do you like?*

	SING.	PL.
NOM.	язы́к	языки́
GEN.	языка́	языко́в
DAT.	языку́	языка́м
ACC.	язы́к	языки́
INSTR.	языко́м	языка́ми
PREP.	языке́	языка́х

яйцо́ NOUN
egg Мы еди́м я́йца на за́втрак. *We eat eggs for breakfast.*

	SING.	PL.
NOM.	яйцо́	я́йца
GEN.	яйца́	яи́ц
DAT.	яйцу́	я́йцам
ACC.	яйцо́	я́йца
INSTR.	яйцо́м	я́йцами
PREP.	яйце́	я́йцах

янва́рь NOUN, MASCULINE
January У вас экза́мены в январе́? *Do you have exams in January?*

	SING.	PL.
NOM.	янва́рь	январи́
GEN.	января́	январе́й
DAT.	январю́	января́м
ACC.	янва́рь	январи́
INSTR.	январём	января́ми
PREP.	январе́	января́х

Япо́ния NOUN
(geography) **Japan** Мы жи́ли в Япо́нии пять лет. *We lived in Japan for five years.*

NOM.	Япо́ния	ACC.	Япо́нию
GEN.	Япо́нии	INSTR.	Япо́нией
DAT.	Япо́нии	PREP.	Япо́нии

English-Russian

Use this index to find a Russian word by looking up its English translation. Then look up the Russian word to learn more about its forms and usage.

able: be able to мочь (смочь)
about о
accent ударе́ние
accusative case вини́тельный паде́ж
active акти́вный
actor актёр
actress актри́са
address а́дрес
adjective прилага́тельное
adverb наре́чие
Africa А́фрика
after по́сле; after that пото́м
afternoon по́сле обе́да; in the afternoon днём, дня
ago наза́д
agreement: in agreement согла́сен
airport аэропо́рт
Alexander Алекса́ндр
Alexandra Алекса́ндра
Alexey Алексе́й
all весь, все, всё; all the time всё вре́мя
Alla А́лла
almost почти́
a lot (very much) о́чень; a lot (of) мно́го
alphabet алфави́т
already уже́
also ещё, то́же
alternation чередова́ние
always всегда́

Alyosha Алёша
am *see* be
a.m. но́чи, утра́
America Аме́рика
American (adjective) америка́нский; (male) америка́нец, (female) америка́нка
and а, и
Andrei Андре́й
Andryusha Андрю́ша
Anna А́нна
answer (noun) отве́т; (verb) отвеча́ть (отве́тить)
Anton Анто́н
antonym анто́ним
Antosha Анто́ша
Anya А́ня
apartment кварти́ра
apple я́блоко
April апре́ль
are *see* be
area райо́н
Argentina Аргенти́на
arm рука́
armchair кре́сло
arrive прийти́, прие́хать
art иску́сство
article статья́
artist (painter, sculptor, etc.) худо́жник; (entertainer) (male) арти́ст, (female) арти́стка
Asia А́зия

ask спра́шивать (спроси́ть)
ask (for) (request) проси́ть (попроси́ть)
aspect вид
assist помога́ть (помо́чь)
at в, на, у
athlete (male) спортсме́н, (female) спортсме́нка
attentively внима́тельно
August а́вгуст
Australia Австра́лия
Austria А́встрия
author а́втор
autumn о́сень; in the autumn о́сенью
avenue проспе́кт
back(ward) наза́д
bad плохо́й
badly пло́хо
bag су́мка
ballet бале́т
bank банк
basketball баскетбо́л
be быть, стоя́ть
beanie ша́пка
beautiful краси́вый
because потому́ что
become стать
beer пи́во
before ра́ньше
begin начина́ть (нача́ть)
big большо́й
birth рожде́ние
birthplace ро́дина
black чёрный
blue (sky blue) голубо́й
bold сме́лый
book кни́га
book- кни́жный

bookstore кни́жный магази́н
booth кио́ск
Boris Бори́с
born: be born роди́ться
Borya Бо́ря
boy ма́льчик
brave сме́лый
Brazil Брази́лия
bread хлеб
break переры́в
breakfast за́втрак; have breakfast за́втракать (поза́втракать)
broadcast переда́ча
brother брат
brown кори́чневый
build стро́ить (постро́ить)
building зда́ние
bus авто́бус
business би́знес
businessman бизнесме́н
businesswoman бизнесву́мен
(bus) stop остано́вка
busy за́нят
but а, но
butter ма́сло
buy купи́ть (покупа́ть)
by на, у
(by) oneself сам
cabinet шкаф
café кафе́
call (name) звать; (telephone) звони́ть (позвони́ть); be called называ́ться
calm споко́йный
calmly споко́йно, ти́хо
camera фотоаппара́т
can (be able to) мо́жно, мочь; cannot нельзя́

canteen столо́вая
cap ша́пка
capital (city) столи́ца
car маши́на
card откры́тка
cardinal number
   коли́чественное числи́тельное
carefully внима́тельно,
   осторо́жно
case (grammar) паде́ж
cash register ка́сса
cat ко́шка
Catherine Екатери́на
center центр
century век
chair стул
champion чемпио́н
character хара́ктер
cheap дешёвый, дёшево
checkout stand ка́сса
cheerful весёлый
cheese сыр
chemist хи́мик
chemistry хи́мия
chess ша́хматы
chicken ку́рица
children де́ти
children's де́тский
China Кита́й
Chinese (adjective) кита́йский;
   (male) кита́ец, (female)
   китая́нка; (language) (in)
   Chinese по-кита́йски
chocolate шокола́д
circus цирк
city го́род
classroom класс
clearly поня́тно
clever у́мный

clinic поликли́ника
clock часы́
close (near) бли́зко, недалеко́
close (shut) закры́ть (закрыва́ть)
closed закры́т
closet шкаф
clothes оде́жда
club клуб
coat пальто́
coffee ко́фе
cold хо́лодно
college университе́т
colon двоето́чие
color цвет
come прийти́ (прие́хать)
comedy коме́дия
comma запята́я
companion това́рищ
complex sentence сло́жное
   предложе́ние
composer компози́тор
compound sentence сло́жное
   предложе́ние
computer компью́тер
comrade това́рищ
concert конце́рт
conjugation спряже́ние
conjunction сою́з
consonant согла́сный звук
continue продолжа́ть
cook гото́вить
correctly пра́вильно
cost сто́ить
costume костю́м
could мо́жно, мочь
country страна́, госуда́рство
crosswalk перехо́д
cuisine ку́хня
cup ча́шка

cupboard шкаф
dad па́па
dance танцева́ть
dash ти́ре
dative case да́тельный паде́ж
daughter дочь
day день
dear дорого́й
December дека́брь
decide реша́ть (реши́ть)
definitely обяза́тельно
delicious(ly) вку́сно
desire жела́ть
dictionary слова́рь
die умере́ть
different друго́й, ра́зный
difficult тру́дный
Dima Ди́ма
dining hall столо́вая
dinner у́жин; have dinner у́жинать (поу́жинать)
direct speech пряма́я речь
display пока́зывать (показа́ть)
disposition хара́ктер
distant далеко́
district райо́н
Dmitriy Дми́трий
do де́лать (сде́лать), занима́ться
doctor врач
doctor's office поликли́ника
document докуме́нт
dog соба́ка
door дверь
dormitory общежи́тие
draw рисова́ть (нарисова́ть)
dream мечта́ть
dress пла́тье
drink пить
drug store апте́ка

during во вре́мя
each ка́ждый
earlier ра́ньше
early ра́но
earth земля́
easy лёгкий
eat есть (съесть)
economic экономи́ческий
economics эконо́мика
economist экономи́ст
economy эконо́мика
egg яйцо́
Egypt Еги́пет
eight во́семь; eight hundred восемьсо́т
eighteen восемна́дцать
eighty во́семьдесят
eldest ста́рший
Elena Еле́на
eleven оди́ннадцать
end коне́ц
ending коне́ц, оконча́ние
engineer инжене́р
England А́нглия
English англи́йский; (language) (in) English по-англи́йски; English-Russian а́нгло-ру́сский
Englishman англича́нин
Englishwoman англича́нка
enjoyable весёлый
enjoyably ве́село
entertainer (male) арти́ст, (female) арти́стка
entrance вход
envelope конве́рт
error оши́бка
Ethiopia Эфио́пия
Eugene Евге́ний

Europe Евро́па
even да́же
evening ве́чер; in the evening ве́чера, ве́чером
every ка́ждый
everybody все
everyone все
everything всё
exam экза́мен
example: for example наприме́р
exclamation mark восклица́тельный знак
excursion экску́рсия
excuse me извини́(те)
exercise упражне́ние
exhibition вы́ставка
exit вы́ход
expensive дорого́й, до́рого
eye глаз
eyeglasses очки́
face лицо́
factory заво́д
fall (autumn) о́сень; in the fall о́сенью
family семья́
famous изве́стный
far (away) далеко́
fast бы́стро
father оте́ц
favorite люби́мый
February февра́ль
feel чу́вствовать
female же́нский
feminine же́нский; feminine gender же́нский род
few ма́ло
fifteen пятна́дцать
fifty пятьдеся́т

figure ци́фра
film фильм
fine норма́льно, хорошо́
finish зака́нчивать (зако́нчить)
Finland Финля́ндия
firm фи́рма
first пе́рвый; at first, at the beginning снача́ла
fish ры́ба
five пять; five hundred пятьсо́т
floor эта́ж
flower цвето́к
folk (noun) наро́д; (adjective) наро́дный
following (next) сле́дующий
food ку́хня
foot нога́
footwear о́бувь
for для; на; for example наприме́р
foreign иностра́нный
foreigner (male) иностра́нец, (female) иностра́нка
forget забыва́ть (забы́ть)
forty со́рок
found (located): be found находи́ться
four четы́ре; four hundred четы́реста
fourteen четы́рнадцать
France Фра́нция
free свобо́дный
French францу́зский; (language) (in) French по-францу́зски
Frenchman францу́з
Frenchwoman францу́женка
Friday пя́тница; on Friday в пя́тницу; on Fridays по пя́тницам

friend (male) друг, (female) подру́га
from из, с
fruit фрукт
fun весёлый
future- бу́дущий; future tense бу́дущее вре́мя
Galina Гали́на
Galya Га́ля
game игра́
garden сад
gender род
genitive case роди́тельный паде́ж
Gentlemen! Господа́!
gently осторо́жно
geographical географи́ческий
German (adjective) неме́цкий; (male) не́мец, (female) не́мка; (language) (in) German по-неме́цки
Germany Герма́ния
get взять, получа́ть (получи́ть)
gift пода́рок
gingerly осторо́жно
girl (young girl) де́вочка; (young lady) де́вушка
girlfriend де́вушка, подру́га
give дава́ть (дать)
give (as a gift) дари́ть (подари́ть)
glad рад
glasses очки́
go (on foot) идти́ (пойти́), ходи́ть; (by vehicle) е́хать (пое́хать), е́здить; go for a walk гуля́ть
good хоро́ший; до́брый: Good afternoon! До́брый день!; Goodbye! Всего́ до́брого!;

Good evening! До́брый ве́чер!; Good morning! До́брое у́тро!
goodbye до свида́ния
government прави́тельство
graduate (from) око́нчить
grammar грамма́тика
granddaughter вну́чка
grandfather де́душка
grandmother ба́бушка
grandpa де́душка
grandson внук
gray се́рый
great вели́кий
green зелёный
greeting card откры́тка
ground земля́
group гру́ппа
guest гость
guide экскурсово́д
guitar гита́ра
half полови́на
hand рука́
hang out гуля́ть
happiness сча́стье
happy счастли́вый; Happy birthday! С днём рожде́ния!; Happy holiday! С пра́здником!
hard consonant твёрдый согла́сный звук
have есть, у _ (есть): he has… у него́ есть…; have to (must) до́лжен
he он
head голова́
health здоро́вье
healthy здоро́в
hello (formal) здра́вствуйте, (informal) приве́т
help помога́ть (помо́чь)

her (accusative/genitive) её, (dative/instrumental) ей; (prepositional) ней; (possessive) её
here (location) здесь, тут; (direction) сюда; here is... вот...
hi *see* hello
high высокий
him (accusative/genitive) его, (dative) ему, (instrumental) им, (prepositional) нём
his его
historian историк
historic(al) исторический
history история
hockey хоккей
holiday праздник
home дом; (toward home) домой; at home дома
homeland родина
hot горячий, жарко
hotel гостиница
hotel room номер
hour час
house дом
housewife домохозяйка
how как
how much сколько
human человек
humor юмор
hundred сто
husband муж
I я
ice cream мороженое
Igor Игорь
ill болен
imperative mood императив, повелительное наклонение

imperfective aspect (of a verb) несовершенный вид (глагола)
important важно
impossible нельзя
in в
India Индия
infinitive инфинитив
inhabitant житель
institute институт
instrumental case творительный падеж
interested: be interested in интересоваться
interesting интересный, интересно
intermission перерыв
interpreter переводчик
interrogative pronoun вопросительное местоимение
into в
intonation интонация
intransitive verb непереходный глагол
invite звать (позвать), приглашать (пригласить)
Ira Ира
Irina Ирина
is *see* be
it (subject) он, она, оно; (direct object) его, её; (indirect object) им, ей
Italian итальянский
Italy Италия
its его, её
Ivan Иван
January январь
Japan Япония
job работа
journalist журналист
juice сок

July июль
June июнь
Katya Катя
kettle ча́йник
key ключ
kilogram килогра́мм
kilometer киломе́тр
kind до́брый
kiosk кио́ск
kitchen ку́хня
knife нож
know знать
Kolya Ко́ля
kopeck (1/100 ruble) копе́йка
Korea Коре́я
Ladies and gentlemen! Господа́!
lamp ла́мпа
language язы́к
Lara Ла́ра
large большо́й
Larissa Лари́са
last name фами́лия
late по́здно; **be late** опа́здывать (опозда́ть)
lawyer юри́ст
learn вы́учить, изуча́ть (изучи́ть), учи́ть, учи́ться
lecture ле́кция
lecture hall аудито́рия
left (left-hand) ле́вый; **on the left** сле́ва
leg нога́
Lena Ле́на
lesson уро́к
let's... дава́й(те)
letter письмо́
letter (of the alphabet) бу́ква
library библиоте́ка

Libya Ли́вия
lie лежа́ть
life жизнь
light blue голубо́й
light(-weight) лёгкий
like (verb) люби́ть; нра́виться (понра́виться)
like this так
linguistics лингви́стика
listen (to) слу́шать
literature литерату́ра
little ма́ленький
live жить
located: be located находи́ться
long до́лго; **long ago** давно́; **not long ago** неда́вно
long adjective по́лная фо́рма прилага́тельного
look at смотре́ть (посмотре́ть)
loudly гро́мко
love (noun) любо́вь; (verb) люби́ть
Lucia Лю́ся
Luda Лю́да
lunch обе́д; **have lunch** обе́дать (пообе́дать)
Lyosha Лёша
Lyuba Лю́ба
Lyubov Любо́вь
Lyudmila Людми́ла
magazine журна́л
mail посыла́ть (посла́ть)
make де́лать (сде́лать)
male мужско́й
man мужчи́на
manager ме́неджер
man's (for men) мужско́й
manual уче́бник
many мно́го; **not many** ма́ло

map ка́рта
March март
Maria Мари́я
Marina Мари́на
Maroussia Мару́ся
masculine мужско́й; masculine gender мужско́й род
Masha Ма́ша
mathematician матема́тик
mathematics матема́тика
Max Макс
Maxim Макси́м
May май
may мо́жно
maybe мо́жет быть
me (accusative/genitive) меня́, (dative/prepositional) мне, (instrumental) мной
meaning of a word значе́ние сло́ва
meat мя́со
medical treatment медици́на
medicine медици́на
meet встреча́ть (встре́тить); (get to know) познако́миться
memorize запомина́ть (запо́мнить)
merry весёлый
meter метр
Mexico Ме́ксика
Michael Михаи́л
Mila Ми́ла
milk молоко́
minute мину́та, мину́точка
Misha Ми́ша
miss (young lady) госпожа́
mistake оши́бка
Mitya Ми́тя
modern совреме́нный

mom ма́ма
moment мину́точка
Monday понеде́льник; on Monday в понеде́льник; on Mondays по понеде́льникам
money де́ньги
month ме́сяц
monument па́мятник
morning у́тро; in the morning у́тром, утра́
Moscow Москва́; (adjective) моско́вский
mother мать
mountain гора́
movie фильм
Mr. господи́н
Mrs. госпожа́
Ms. госпожа́
much мно́го
municipal городско́й
Muscovite (male) москви́ч, (female) москви́чка
museum музе́й
music му́зыка
must до́лжен, на́до; must not нельзя́
my мой
name и́мя My name is __. Меня́ зову́т __.; last name фами́лия
named: be named называ́ться
Natalia Ната́лия, Ната́лья
Natasha Ната́ша
national национа́льный, наро́дный
native родно́й
nature приро́да; (disposition) хара́ктер
near недалеко́ (от)
nearby бли́зко

nearly почти́
necessary ну́жен, ну́жно
needed ну́жен, ну́жно
neighbor (male) сосе́д, (female) сосе́дка
neuter gender сре́дний род
never никогда́
never mind ничего́
new но́вый
news но́вость
newspaper газе́та; newspaper stand кио́ск
next сле́дующий
nice(ly) прия́тно; Nice to meet you! О́чень прия́тно!
Nicholas Никола́й
night ночь; at night но́чью
nightclub клуб
Nina Ни́на
nine де́вять; nine hundred девятьсо́т
nineteen девятна́дцать
ninety девяно́сто
no нет
nobody никто́
nominative case имени́тельный паде́ж
no one никто́
normally норма́льно
North America Се́верная Аме́рика
Norway Норве́гия
not не; not any нет; not only..., but also... не то́лько ..., но и ...
notebook тетра́дь
nothing ничего́, ничто́
November ноя́брь
now сейча́с, тепе́рь
nowhere никуда́

number число́; (numeral) ци́фра; (telephone, hotel room, etc.) но́мер; (grammar) числи́тельное
numeral ци́фра, числи́тельное
occupation профе́ссия
o'clock час; at _ o'clock в _ часа́/часо́в
October октя́брь
of course коне́чно
often ча́сто; not often ре́дко
oil ма́сло
okay: it's okay (don't worry about it) ничего́
old ста́рый
oldest ста́рший
Oleg Оле́г
Olga О́льга
Olya О́ля
on в, на
once раз
one оди́н
oneself себя́
one's own свой
only то́лько
own: on one's own сам
open (adjective) откры́т; (verb) открыва́ть (откры́ть)
opera о́пера
or и́ли
ordinal number поря́дковое числи́тельное
other друго́й
our наш
outside на у́лице
owner хозя́ин
page страни́ца
paint рисова́ть (нарисова́ть)
painting карти́на

palace дворец
pardon извини(те)
parents родители
park парк
part of speech часть речи
pass идти
passport паспорт
past: in the past раньше
past tense прошедшее время
pen ручка
pencil карандаш
people люди, народ
people's (adjective) народный
perfective aspect (of a verb)
  совершенный вид (глагола)
person человек
personal pronoun личное
  местоимение
Peter Пётр; Peter the Great
  Пётр Великий
Petya Петя
pharmacy аптека
philologist филолог
philosopher философ
phone телефон
phonetics фонетика
photograph (noun) фотография;
  (verb) фотографировать
phrase фраза
physicist физик
physics физика
piano пианино
picture картина; (photograph)
  фотография; take a picture
  фотографировать
pity: it is a pity (that...) жаль
place место
plan план
play играть

plaza площадь
pleasant(ly) приятно
please пожалуйста
pleased рад
pleasure удовольствие
plural множественное число
p.m. дня, вечера
poet поэт
point точка
police полиция
poor бедный
poorly плохо
popular народный
possessive pronoun
  притяжательное местоимение
postage stamp марка
postcard открытка
post office почта
potatoes картофель
practice заниматься
prefix приставка
preposition предлог
prepositional case предложный
  падеж
present tense настоящее время
price цена
problem задача, проблема
profession профессия
program передача, программа
pronoun местоимение
pronunciation произношение
pupil (male) ученик; (female)
  ученица
put задать
question вопрос
question mark вопросительный
  знак
quickly быстро
quiet спокойный

quietly споко́йно, ти́хо
quotation marks кавы́чки
radio ра́дио; **radio broadcast** радиопереда́ча
rain (noun) дождь
rarely ре́дко
rather а
read чита́ть (прочита́ть)
ready гото́в
recall вспомина́ть (вспо́мнить)
receive получа́ть (получи́ть)
recently неда́вно
recess переры́в
red кра́сный
reflexive verb возвра́тный глаго́л
region райо́н
relax отдыха́ть
remember вспомина́ть (вспо́мнить)
repeat повторя́ть (повтори́ть)
reply (noun) отве́т; (verb) отвеча́ть (отве́тить)
request проси́ть (попроси́ть)
rest отдыха́ть
restaurant рестора́н
result результа́т
review повторя́ть (повтори́ть)
rice рис
rich бога́тый
right прав
right (right-hand) пра́вый; **on the right** спра́ва
river река́
road доро́га
room ко́мната
ruble рубль
Russia Росси́я

Russian росси́йский, ру́сский; (language) **(in) Russian** по-ру́сски; **Russian-English** ру́сско-англи́йский
Saint Petersburg Санкт-Петербу́рг
salad сала́т
salt соль
Sasha Са́ша
Saturday суббо́та; **on Saturday** в суббо́ту; **on Saturdays** по суббо́там
sausage колбаса́
say говори́ть, сказа́ть
scarf шарф
school шко́ла; **go to school** учи́ться
science нау́ка
scientific нау́чный
scientist учёный
sea мо́ре
see ви́деть, уви́деть
seldom ре́дко
send посыла́ть (посла́ть)
sentence предложе́ние
September сентя́брь
Sergei Серге́й
serious серьёзный
Seryozha Серёжа
set зада́ть
seven семь; **seven hundred** семьсо́т
seventeen семна́дцать
seventy се́мьдесят
several не́сколько
she она́
shirt руба́шка
shoes о́бувь
shop магази́н

short (form of an) adjective кра́ткая фо́рма прилага́тельного
show пока́зывать (показа́ть); (noun; tv show) переда́ча
shut закрыва́ть (закры́ть)
sick бо́лен
simple sentence просто́е предложе́ние
since с
sing петь
singular еди́нственное число́
sister сестра́
sit сиде́ть
six шесть; **six hundred** шестьсо́т
sixteen шестна́дцать
sixty шестьдеся́т
sky blue голубо́й
sleep спать
slowly ме́дленно
small ма́ленький
snow снег
so так
soccer футбо́л
soccer player футболи́ст
soft consonant мя́гкий согла́сный звук
solve реша́ть (реши́ть)
some не́сколько
sometimes иногда́
son сын
song пе́сня
soon ско́ро
sorry (excuse me) извини́(те); (I apologize) Мне о́чень жаль.
sound звук
soup суп
South America Ю́жная Аме́рика
souvenir сувени́р

Spain Испа́ния
Spaniard (male) испа́нец, (female) испа́нка
Spanish испа́нский; (language) (in) Spanish по-испа́нски
spare свобо́дный
speak говори́ть (разгова́ривать)
spoon ло́жка
sport спорт
spring весна́; **in the spring** весно́й
square пло́щадь
stadium стадио́н
stamp (postage stamp) ма́рка
stand стоя́ть
start начина́ть (нача́ть); **start to go** пойти́
state госуда́рство
station ста́нция
stay жить
store магази́н
story исто́рия, расска́з
street у́лица; **street crossing** перехо́д
strong си́льный
student (male) студе́нт, учени́к; (female) студе́нтка, учени́ца
student- студе́нческий
study занима́ться, изуча́ть (изучи́ть), учи́ть, учи́ться; (home office) кабине́т
subway метро́
suddenly вдруг
suffix су́ффикс
sugar са́хар
suit костю́м
summer ле́то; **in the summer** ле́том
sun со́лнце

Sunday воскресе́нье; on Sunday в воскресе́нье; on Sundays по воскресе́ньям
surname фами́лия
Sveta Све́та
Svetlana Светла́на
Sweden Шве́ция
swimming pool бассе́йн
Switzerland Швейца́рия
syllable слог
synonym сино́ним
syntax си́нтаксис
Syria Си́рия
table стол
take брать (взять)
talented тала́нтливый
talk говори́ть, разгова́ривать
tall высо́кий
Tamara Тама́ра
Tanya Та́ня
tape recorder магнитофо́н
task зада́ча
Tatyana Татья́на
taxi такси́
tea чай
teach учи́ть
teacher (male or female) преподава́тель, учи́тель; (female) преподава́тельница, учи́тельница
telegram телегра́мма
telephone звони́ть (позвони́ть)
television broadcast телепереда́ча
tell говори́ть (сказа́ть), расска́зывать (рассказа́ть)
temperature температу́ра
ten де́сять
tennis те́ннис

tense вре́мя
term те́рмин
test экза́мен
text текст
textbook уче́бник
Thailand Таила́нд
thank you спаси́бо
that (which, who) кото́рый; (before subordinate clause) что
that's right пра́вильно
theater теа́тр
the Czech Republic Че́хия
the Internet Интерне́т
their их
them (accusative/genitive) их, (prepositional) них, (instrumental) и́ми, (dative) им
then пото́м
there (location) там; (direction) туда́
there is/are есть; there is no нет
these are… э́то…
they они́
think ду́мать
thirteen трина́дцать
thirty три́дцать
this э́то, э́тот; this is… э́то…
thousand ты́сяча
three три; three hundred три́ста
Thursday четве́рг; on Thursday в четве́рг; on Thursdays по четверга́м
ticket биле́т
time вре́мя; (one time, two times, etc.) раз
tire (get tired) уста́ть
to в, к, на

today сего́дня
together вме́сте
Toma То́ма
tomorrow за́втра
tonight сего́дня ве́чером
too то́же
tourist тури́ст
toward к
toward them к ним
train по́езд
train car ваго́н
train station вокза́л
tram трамва́й
transitive verb перехо́дный глаго́л
translator перево́дчик
transport тра́нспорт
tree де́рево
trip экску́рсия
trolley(bus) тролле́йбус
trouble пробле́ма
Tuesday вто́рник; on Tuesday во вто́рник; on Tuesdays по вто́рникам
TV телеви́зор
twelve двена́дцать
twenty два́дцать
twice два ра́за
two два
two hundred две́сти
umbrella зонт
uncle дя́дя
understand понима́ть (поня́ть); I understand! поня́тно
understandably поня́тно
university университе́т
(university) department факульте́т
until до

us (accusative/genitive/prepositional) нас, (dative) нам, (instrumental) на́ми
usually обы́чно
vacation: take a vacation отдыха́ть
Vadik Ва́дик
Vadim Вади́м
Vania Ва́ня
various ра́зный
vegetable о́вощ
Vera Ве́ра
verb глаго́л
very о́чень
very much о́чень
Victor Ви́ктор
visa ви́за
visit: on a visit в го́сти
Vitya Ви́тя
Vladimir Влади́мир
vocabulary ле́ксика
volleyball волейбо́л
Volodya Воло́дя
Vova Во́ва
vowel sound гла́сный звук
wait ждать
walk гуля́ть
wall стена́
want хоте́ть
wardrobe шкаф
warm тепло́
was быть
was able to мочь, смочь
watch посмотре́ть, смотре́ть, часы́
water вода́
way доро́га
we мы
wealthy бога́тый

we are мы
weather погóда
Wednesday средá; on Wednesday в срéду; on Wednesdays по средáм
well хорошó
were быть
what что; what for зачéм; what kind of какóй
when когдá
where (location) где; (direction) кудá
which какóй; котóрый
white бéлый
who кто; котóрый
whose чей
why почемý, зачéм
wife женá
will be быть
will be able to смочь
window окнó
wine винó
winter зимá; in the winter зимóй
wish желáть
with с
without без; without fail обязáтельно; With pleasure! С удовóльствием!
woman жéнщина
woman's (adjective) жéнский

wonder: I wonder... интерéсно
word слóво
work рабóтать
world мир
write написáть, писáть
year год; (post-secondary education) курс
yellow жёлтый
yes да
yesterday вчерá
yet ещё
Yevgeniya Евгéния
Yevgeny Евгéний
you (informal) (nominative) ты, (accusative/genitive) тебя́, (dative/prepositional) тебé, (instrumental) тобóй; (formal/plural) (nominative) вы, (accusative/genitive/prepositional) вас, (dative) вам, (instrumental) вáми
young молодóй; younger млáдший; youngest млáдший; young woman дéвушка
your (informal) твой; (formal/plural) ваш
Yura Юра
Yuri Юрий
Zhenya Женя́
zoo зоопáрк

Check out **Немного о Себе** at **www.lingualism.com/russian**

and other titles in Arabic and Spanish at
www.lingualism.com/bookstore

www.ingramcontent.com/pod-product-compliance
Lightning Source LLC
Chambersburg PA
CBHW070430010526
44118CB00014B/1974